Blogger- und Influencer-Marketing in der Praxis

Rita Angelone

Blogger- und Influencer-Marketing in der Praxis

Alles Wichtige für gelungene Kooperationen zwischen Unternehmen, Bloggern und Influencern

Rita Angelone
Zürich, Schweiz

ISBN 978-3-658-42089-5   ISBN 978-3-658-42090-1 (eBook)
https://doi.org/10.1007/978-3-658-42090-1

Die Deutsche Nationalbibliothek verzeichnet diese Publikation in der Deutschen Nationalbibliografie; detaillierte bibliografische Daten sind im Internet über http://dnb.d-nb.de abrufbar.

© Der/die Herausgeber bzw. der/die Autor(en), exklusiv lizenziert an Springer Fachmedien Wiesbaden GmbH, ein Teil von Springer Nature 2023

Das Werk einschließlich aller seiner Teile ist urheberrechtlich geschützt. Jede Verwertung, die nicht ausdrücklich vom Urheberrechtsgesetz zugelassen ist, bedarf der vorherigen Zustimmung des Verlags. Das gilt insbesondere für Vervielfältigungen, Bearbeitungen, Übersetzungen, Mikroverfilmungen und die Einspeicherung und Verarbeitung in elektronischen Systemen.
Die Wiedergabe von allgemein beschreibenden Bezeichnungen, Marken, Unternehmensnamen etc. in diesem Werk bedeutet nicht, dass diese frei durch jedermann benutzt werden dürfen. Die Berechtigung zur Benutzung unterliegt, auch ohne gesonderten Hinweis hierzu, den Regeln des Markenrechts. Die Rechte des jeweiligen Zeicheninhabers sind zu beachten.
Der Verlag, die Autoren und die Herausgeber gehen davon aus, dass die Angaben und Informationen in diesem Werk zum Zeitpunkt der Veröffentlichung vollständig und korrekt sind. Weder der Verlag noch die Autoren oder die Herausgeber übernehmen, ausdrücklich oder implizit, Gewähr für den Inhalt des Werkes, etwaige Fehler oder Äußerungen. Der Verlag bleibt im Hinblick auf geografische Zuordnungen und Gebietsbezeichnungen in veröffentlichten Karten und Institutionsadressen neutral.

Planung/Lektorat: Imke Sander
Springer Gabler ist ein Imprint der eingetragenen Gesellschaft Springer Fachmedien Wiesbaden GmbH und ist ein Teil von Springer Nature.
Die Anschrift der Gesellschaft ist: Abraham-Lincoln-Str. 46, 65189 Wiesbaden, Germany

Das Papier dieses Produkts ist recyclebar.

Vorwort

Liebe Leserinnen, liebe Leser
Blogger und Influencer Marketing hat sich endgültig als bewährte Teildisziplin innerhalb des Digital Marketings etabliert. Von traditionellen Bloggern über moderne Influencer bis hin zu immer mehr spezialisierten Agenturen und neuen Anbietern von innovativen Tools und Dienstleistungen im Bereich der Creator Economy – immer mehr Akteure treten auf den Plan und immer mehr Unternehmen setzen diese Marketingform erfolgreich um. Leider wird dieses Marketinginstrument noch viel zu oft missverstanden, einseitig betrachtet oder nicht professionell umgesetzt, weshalb es genauso so oft unterschätzt, kritisiert und schlecht geredet wird. Obwohl sich diese Disziplin in den letzten Jahren enorm weiterentwickelt hat und sich die Akteure laufend professionalisiert haben, stehen insbesondere die wichtigsten Protagonisten dieser Marketingform – die Blogger und Influencer – immer noch unter Generalverdacht, sich nicht fachmännisch, unlauter oder gar illegal zu verhalten und kämpfen nach wie vor um Wertschätzung für ihre Arbeit und Anerkennung ihres Berufsstands. Und weil seitens Unternehmen und Agenturen als Auftraggeber oft falsche oder unrealistische Erwartungen an die Funktionsweise und Möglichkeiten des Blogger und Influencer Marketing gestellt werden, die aus Unkenntnis der wahren Essenz dieser Disziplin am Ende einer Zusammenarbeit in Ernüchterung und Enttäuschung münden, wird das gesamte Blogger und Influencer Marketing über einen Leisten geschlagen und undifferenziert in Frage gestellt oder als nicht zielführend, zu teuer und nicht erfolgreich abgetan.

Als Bloggerin der ersten Stunde habe ich die Entwicklung des Blogger- und Influencertums in der Schweiz von Anfang an direkt miterlebt und erfahren, wie sich wirtschaftliche Aspekte und gesellschaftliche Ansichten und Verhaltensweisen sowie Rahmenbedingungen wie Gesetze oder Ethik auf das Blogger und

Influencer Marketing und damit auf meine Tätigkeit als Bloggerin und später als Influencerin ausgewirkt haben: Unternehmen, Agenturen, Blogger, Influencer und Communities bewegen sich innerhalb einer besonders dynamischen Form von Marketing-Sphäre, auf welche Gesetze, Ethik, Usanzen und ständig neue Trends und Weltanschauungen Einfluss haben und das Zusammenspiel der Akteure entscheidend beeinflussen. Dabei entstehen zwischen den verschiedenen Beteiligten nicht nur Synergien, sondern auch Ansprüche, Ziel- und Interessenskonflikte und in der Folge Spannungsfelder. So möchten beispielsweise Unternehmen bei Kooperationen klare Vorgaben machen, Blogger und Influencer wünschen hingegen eine möglichst große kreative Freiheit bei der Umsetzung ihrer Arbeit. Blogger und Influencer wünschen sich dagegen mehr Anerkennung für ihre Arbeit und eine marktkonforme Honorierung ihrer Leistung, während Unternehmen und Agenturen vielmehr eine Kostenminimierung anstreben und die Gesellschaft die Reputation der Blogger und Influencer tendenziell anzweifelt. Oder während die Werbewirtschaft eher skeptisch gegenüber weiteren Regeln und Restriktionen ist, wünscht sich die Gesellschaft vom Gesetzgeber, dass Konsumenten – insbesondere Kinder und Jugendliche – vor intransparentem Verhalten auf den Sozialen Medien geschützt werden.

Bereits bestehende Publikationen rund um das Blogger und Influencer Marketing leuchten diese Disziplin einseitig aus und bleiben theoretisch. Sie nehmen meist die Sichtweise von Marketingexperten aus Agenturen ein und berücksichtigen Blogger oft überhaupt nicht. Auch spielen in bisherigen Veröffentlichungen gesellschaftliche Veränderungen, gesetzliche Rahmenbedingungen, ethische Grundsätze, neue Trends und mögliche Auswirkungen von technologischen Entwicklungen wie zum Beispiel Künstliche Intelligenz kaum eine Rolle.

Es ist mir ein Anliegen, aufzuzeigen, dass Blogger und Influencer Marketing ein großes Potenzial aufweist und dass der Return on Investment im Vergleich zu klassischen Marketingformen höher liegen kann, wenn die Disziplin strategisch und professionell angegangen und von allen Akteuren zielgerichtet, nachhaltig sowie gesetzlich und ethisch korrekt betrieben wird. Dafür braucht es Wissen und Erfahrung sowie das Verständnis, dass Blogger und Influencer Marketing stets als System betrachtet muss, in welchem die verschiedenen Akteure in einem Wechselspiel zueinanderstehen und die Verantwortung für den Erfolg gemeinsam tragen. Auch liegt mir am Herzen, das Image von Bloggern und Influencern ins rechte Licht zu rücken und ihren Berufsstand zu stärken und aufzuzeigen, dass ihre Arbeit sinnvoll und in verschiedener Hinsicht gewinnbringend ist, dass sie professionell und verantwortungsvoll arbeiten und dementsprechend Respekt,

Anerkennung und Wertschätzung verdienen. Last but not least setze ich mich dafür ein, dass Bloggern genau so viel Beachtung geschenkt und Wertschätzung entgegengebracht wird wie Influencern, für deren Leistung nicht selten größere Budgets bereitgestellt werden, weil als Qualitätskriterium die oft höhere Followerzahl herangezogen wird.

Aus diesem Grund spreche ich in diesem Buch immer von Blogger und Influencer Marketing. Anhand der einzelnen Schritte innerhalb des gesamten Prozesses beleuchte ich die Zusammenhänge und Spannungsfelder zwischen Unternehmen, Agenturen, Blogger, Influencer, Community sowie Gesetze und Wertesystem im DACH-Raum und zeige anhand von praxisrelevanten Best Practice Beispielen Strategien, Handlungsoptionen und Synergieeffekte auf. Dabei nehme ich immer wieder die Perspektive der Blogger und Influencer ein und zeige auf, dass Blogger und Influencer Marketing nur dann erfolgreich ist, wenn auch Unternehmen und Agenturen die Verantwortung für die Zielerreichung übernehmen. Erfolgreiches Blogger und Influencer Marketing liegt definitiv nicht nur in der Hand der Blogger oder Influencer, sondern basiert auf geteilter Verantwortung.

Meine Erfahrungen beruhen auf meine langjährige Tätigkeit als Familienbloggerin. Aus diesem Grund stammen die Beispiele in diesem Buch hauptsächlich aus diesem Gebiet. Die gewonnenen Erkenntnisse und die daraus abgeleiteten Erfahrungswerte und Tipps gelten aber genauso für andere Gebiete des Blogger und Influencer Marketings.

Ich wünsche Ihnen beim Umsetzen von Blogger und Influencer Marketing nicht nur Erfolg, sondern auch viel Freude an einer Disziplin, die nebst fachlichem Know-how von Engagement, Leidenschaft und Herzblut lebt.

Bei Fragen, Anregungen oder Rückmeldungen zu den Inhalten zögern Sie nicht, mich zu kontaktieren.

Zur besseren Lesbarkeit habe ich nur eine Form der Geschlechter verwendet, nämlich die männliche. Selbstverständlich sind stets alle geschlechtlichen Identitäten mitgemeint.

Zürich, Schweiz	Rita Angelone
April 2023	www.dieangelones.ch

Danksagung

Beim Verfassen dieses Buches haben mich viele Menschen unterstützt.

Ein besonderer Dank geht an die Verantwortlichen des Springer Gabler Verlags. Sie haben mein Projekt von Anfang an unterstützt, standen mir während der Umsetzung mit Rat und Tat zur Seite und haben dem Buch gekonnt den letzten Schliff verliehen.

Einen wichtigen Beitrag leisteten auch zahlreiche meiner langjährigen Kooperationspartner, die mein Buch mit vielen wertvollen Inputs und erfolgreichen Best Practice Beispielen bereichert haben. Dadurch ist eine authentische und praxisnahe Publikation mit großem Mehrwert für die Leser entstanden.

Besonders dankbar bin ich auch für die freundschaftliche und konstruktive Vernetzung mit Berufskollegen aus dem gesamten DACH-Raum, über welche ich ebenfalls wertvolle Unterstützung in Form von spannenden Meinungen und Erfahrungen erleben durfte. Auch ihre Ansichten und Standpunkte direkt von der Berufsfront bereichern dieses Buch enorm.

Last but not least danke ich meiner Familie, die über all die Jahre den Stoff für meinen Familienblog geliefert und diesen stets als Gemeinschaftswerk betrachtet hat, an dem sie sich nach wie vor beteiligt. Ohne meine drei Männer gäbe es „Die Angelones" und somit auch dieses Buch nicht.

Das erwartet Sie in diesem Buch

Das Buch habe ich für verschiedene Zielgruppen geschrieben.

Es richtet sich einerseits an Verantwortliche in Unternehmen, die mit Bloggern und Influencern arbeiten, an Mitarbeitende von Werbe-, PR- sowie Blogger- und Influencer-Agenturen, Mitarbeitende im Bereich Marketing, Digital Marketing, Social Media Marketing, Studenten von Marketing, Digital Marketing und Social Media Lehrgängen sowie genauso an angehende Blogger und Influencer, die das Handwerk von Grund auf erlernen wollen.

Das Werk liefert sowohl erfahrenen Praktikern im Bereich Blogger und Influencer Marketing als auch interessierten Laien auf kompakte und verständliche Art Zusammenhänge, hilfreiche und umsetzungsorientierte Tipps, neue Inputs und erfolgreiche Ansätze, zeigt Spannungsfelder, Risiken, Grenzen sowie Chancen und Synergien auf und inspiriert, Blogger und Influencer Marketing professionell, gesetzeskonform und nach ethischen Grundsätzen sinnvoll und nachhaltig einzusetzen.

Das Handbuch enthält zudem ergänzenden Experten-Input sowie hilfreiche Beispiele und Tipps für die Umsetzung der Theorie in die Praxis.

Inhaltsverzeichnis

Teil I Grundlagen

1 Die Entwicklung des Blogger- und Influencertums 3
   1.1 Vom Blogger zum Influencer zum Content Creator – Who is Who? 3
      1.1.1 Blogs und Blogger 3
      1.1.2 Social Media und Influencer 4
      1.1.3 Content Creator 4
   1.2 Blogger oder Influencer – Mit wem sollen Unternehmen und Agenturen zusammenarbeiten? 6
   1.3 Was versteht man unter Blogger und Influencer Marketing? 9
   1.4 Die Stärken von Bloggern und Influencern 11
      1.4.1 Die besondere Bedeutung von Blogs 13
      1.4.2 Die besondere Bedeutung von Newslettern 16
   1.5 Herausforderungen bei der Arbeit mit Bloggern und Influencern 17
   1.6 Arten der Zusammenarbeit mit Bloggern und Influencern 20
   Literatur. 23

2 Markt & Trends 25
   2.1 Sinnhaftes Storytelling für alle Sinne 25
   2.2 Kurz-Videos und Live-Video Formate binden die Community 26
   2.3 Podcasts schaffen zusätzlich Touchpoints 27
   2.4 Pinterest steigert Reichweite und Traffic 29
   2.5 LinkedIn eröffnet neue Zielgruppen 31
   2.6 Multiplattform-Marketing ermöglicht ganzheitliches Vorgehen 32

	2.7	Vielfalt, Repräsentation und Inklusion schaffen neue Inhalte und eröffnen neue Zielgruppen	33
	2.8	Qualität vor Quantität, Langfristigkeit vor Kurzfristigkeit	36
	2.9	Nano- und Micro-Influencer erzielen höhere Reichweiten und Engagement	38
	2.10	Die Community ist genauso wichtig wie der Blogger oder Influencer	38
	2.11	Communities werden anspruchsvoller	40
	2.12	Begehrte Zielgruppe Familie, gefragte Familienblogger und Momfluencer	40
	2.13	Mehr Agenturen, Netzwerke, Marktplätze	42
	2.14	Creator Economy schafft neue Plattformen, Formate, und Einkommensmodelle	43
	2.15	Neue Blogger und Influencer Kategorien	46
		2.15.1 Petfluencer	47
		2.15.2 Finanzblogger und Finfluencer	47
		2.15.3 Granfluencer	47
		2.15.4 Buchblogger und Bookfluencer	48
		2.15.5 Virtuelle Influencer	48
		2.15.6 Kidfluencer	49
		2.15.7 Diversity Blogger und Influencer	50
		2.15.8 Sinnfluencer	50
	2.16	Blogger und Influencer wirken als Change Maker	51
	2.17	Blogger und Influencer wird als Beruf anerkannt werden	51
	2.18	Blogger und Influencer Netzwerke stärken die Reputation der Branche	54
	Literatur		61
3	**Rechtliche Aspekte**		**65**
	3.1	Impressumpflicht gilt auch für Social Media Plattformen	66
	3.2	Datenschutzrichtlinien sind auch außerhalb der EU gültig	67
	3.3	Werbekennzeichnungspflicht für bezahlte Inhalte	68
		3.3.1 Umsetzung der Werbekennzeichnungspflicht in der Praxis	69
		3.3.2 Lex Influencer in Deutschland	71
		3.3.3 Spezialfall Tabak-, Alkohol-, Heilmittel und Lebensmittelwerbung	72
	3.4	Kennzeichnungspflicht von Filtern in ersten europäischen Ländern	74

3.5	Gewinnspiele auf Sozialen Kanälen	74
3.6	Urheberrecht – Achtung auf Nutzungsbedingungen	76
Literatur.		79

4 Ethische Aspekte ... 81
- 4.1 Digitale Ethik ... 81
- 4.2 Familienblogger Kodex des Netzwerks Schweizer Familienblogs ... 82
- 4.3 Ethikkodex Influencer Kommunikation des Bundesverbands Influencer Marketing Deutschland ... 90
- 4.4 Code of Conduct des Conscious Influence Hub ... 91
- 4.5 Ethik-Kodex der Österreichischen Werbewirtschaft ... 93
- 4.6 Verhaltenskodizes und Community Richtlinien von Sozialen Plattformen ... 94
  - 4.6.1 Creator Codex von Pinterest ... 94
  - 4.6.2 Community Guidelines Instagram ... 95
  - 4.6.3 Gemeinschaftsstandards auf Facebook ... 95
  - 4.6.4 Community Guidelines von TikTok ... 96
- 4.7 Persönliches Wertesystem ... 96
- Literatur ... 97

Teil II Erfolgsfaktoren bei Kooperationen mit Bloggern und Influencern

5 Blogger und Influencer Marketing Strategie ... 101
- 5.1 Wissen, Erfahrung und die richtige Haltung ... 101
- 5.2 Analyse der Ausgangslage ... 106
- 5.3 Ziele und Messgrößen definieren ... 106
- 5.4 Zielgruppe und Kanäle bestimmen ... 106
- 5.5 Passende Blogger und Influencer evaluieren ... 109
  - 5.5.1 Auswahlkriterien ... 109
  - 5.5.2 Suchkanäle ... 110
  - 5.5.3 Qualitätsanalyse ... 111
  - 5.5.4 Das Media-Kit – die Visitenkarte von Bloggern und Influencern ... 112
  - 5.5.5 Zu viele Blogger oder Influencer verderben den Brei ... 114
- 5.6 Kontaktaufnahme und Kooperationsanfrage ... 115
- 5.7 Offerte, Preisgestaltung und Vergütungsmodell ... 116
  - 5.7.1 Preisgestaltung ... 117
  - 5.7.2 Vergütungsmodell ... 118

5.8		Kooperationsvertrag und Briefing	121
	5.8.1	Braucht es einen Kooperationsvertrag?	121
	5.8.2	Was beinhaltet der Kooperationsvertrag?	121
5.9		Planung der Kampagnenstrategie	125
5.10		Steuerung, Monitoring und Social Listening – Risiken minimieren, Chancen nutzen	127
5.11		Die Erfolgskontrolle	130
Literatur			136

Teil III Best Practice

6 Blogger und Influencer Marketing in der Tourismus-Branche 141
Literatur. 144

7 Blogger und Influencer Marketing in der Berufsbildung (Employer Branding) 145
Literatur. 148

8 Blogger und Influencer Marketing in der Finanzbranche 149

9 Blogger und Influencer Marketing in der Promotionsbranche ... 151

10 Blogger und Influencer Marketing in der Medienbranche........ 153
Literatur. 154

11 Blogger und Influencer Marketing im Gesundheitsbereich 155
Literatur. 157

12 Blogger und Influencer Marketing in der Verlags- und Buchbranche 159
Literatur. 162

Teil IV Ausblick

13 Ausblick – Blogger und Influencer Marketing der Zukunft....... 165
    13.1 Kontinuierliche Weiterbildung, Innovationskraft und Flexibilität 165
    13.2 Metaverse – Neuland mit entsprechenden Chancen und Risiken 166
    13.3 ChatGPT 167
    13.4 Schlusswort 169
    Literatur. 169

Über die Autorin

Rita Angelone Als Seconda im Glarnerland geboren und aufgewachsen, ist Rita Angelone nach der Matura und dem berufsbegleitenden Betriebsökonomie-Studium nach Zürich gezogen, wo sie mit ihrer Familie in einem Haus am Fuße des Üetlibergs lebt. Nach einer erfolgreichen beruflichen Karriere in verschiedenen Führungspositionen und nach Weiterbildungen in Mitarbeiter- und Krisenkommunikation hat sie ihre Leidenschaft fürs Schreiben zum Beruf gemacht und vor über zehn Jahren einen der ersten Familienblogs der Schweiz gegründet. Heute ist sie Vollzeit-Bloggerin und führt ihre eigene Unternehmung. Unter „Die Angelones GmbH" betreibt sie nicht nur den Familienblog „Die Angelones", sondern auch das Netzwerk Schweizer Familienblogs sowie den Podcast „Familie von A bis Z". Ihr breites Wissen und ihre langjährigen Erfahrungen im Bereich von Blogger und Influencer Marketing gibt sie als Dozentin weiter.

Rita Angelones Blog verzeichnet monatlich im Durchschnitt 50.000 einzelne Besuche, die sich durch eine überdurchschnittlich hohe Verweildauer auf der Plattform auszeichnen. 70 % ihrer Leser und Follower stammen aus der Schweiz, 20 % aus Deutschland und 10 % aus Österreich. Ihre authentische Art begeistert seit über einem

Jahrzehnt eine treue Leser- und Followerschaft. Über ihre beliebten Kolumnen im Tagblatt der Stadt Zürich lesen wöchentlich 122.000 Zürcher Haushalte ihre Geschichten. Erst kürzlich hat sie mit „Die Angelones – Pasta, Fußball und Amore" ihren ersten Best-of-Kolumnenband veröffentlicht. Ihr Engagement und ihre professionelle Arbeitsweise werden von ihren langjährigen Kooperationspartnern sehr geschätzt.

Weitere Informationen zur Autorin und ihren Plattformen gibt es auf www.dieangelones.ch

Teil I
Grundlagen

Die Entwicklung des Blogger- und Influencertums

1.1 Vom Blogger zum Influencer zum Content Creator – Who is Who?

1.1.1 Blogs und Blogger

Am Anfang war der Blogger – eine Person, die gemäß Definition auf Wikipedia ein auf einer Webseite geführtes und damit meist öffentlich einsehbares Tagebuch führt und darin Sachverhalte protokolliert oder Geschichten und Gedanken niederschreibt und veröffentlicht. Blogger und Blogs gibt es seit mehr als 30 Jahren. Aus den ursprünglichen persönlichen Online-Tagebüchern entstanden mit der Zeit neue Formen von Blogs, die sich anfänglich auf Themen wie Politik, Technik oder Kultur und später auch Reisen, Food oder Familie und viele Gebiete mehr fokussierten. Nicht selten wurden Blogs [6] in den Anfängen von Journalisten oder Experten betrieben, die relevante Themen nebenberuflich und ohne Entgelt vertiefen und mit der eigenen Community diskutieren wollten. Entsprechend textlastig und hochstehend waren die Inhalte. Die Distribution der Beiträge erfolgte – wenn überhaupt – über Twitter, das heutige X, das beim Aufkommen des Bloggertums als Micro-Blogging Plattform für Intellektuelle galt und vom Prinzip her eine Zwischenstufe zu den später aufkommenden Social Media Kanälen darstellte. Weder bezahlte Inhalte noch Blogger Marketing waren damals ein Thema.

Mit dem Aufkommen der Social Media, dem damit verbundenen Trend zur Bildsprache, dem einhergehenden veränderten Mediennutzungsverhalten und der tendenziell schwindenden Aufmerksamkeitsspanne von Lesern hat sich das Bloggen stark verändert. Dank den Distributionsmöglichkeiten, die Social Media Kanäle bieten, waren Blogger nun in der Lage, ihre Inhalte über Facebook & Co.

© Der/die Autor(en), exklusiv lizenziert an Springer Fachmedien Wiesbaden GmbH, ein Teil von Springer Nature 2023
R. Angelone, *Blogger- und Influencer-Marketing in der Praxis*,
https://doi.org/10.1007/978-3-658-42090-1_1

rascher und breiter zu streuen und dadurch höhere Zugriffsraten auf dem eigenen Blog zu generieren. Gleichzeitig begannen sie damit, nebst ihrer bisherigen Leserschaft zusätzlich eigene Social Media Communities aufzubauen und sich in Richtung des später aufkommenden Begriffs Influencer zu bewegen. Parallel dazu veränderten sich auch die Bloginhalte. Die einstmals textlastigen, ausführlichen und hochstehenden Blogbeiträge wurden immer öfter mit Bildern und Videos aufgewertet und tendenziell etwas kürzer und einfacher verfasst, um den neuen Anforderungen der Zielgruppen an Online-Inhalten gerecht zu werden.

Diese Entwicklungen [1, 15] haben eine neue, eher etwas jüngere Bloggergeneration nachfolgen lassen, die – analog ihren Berufskollegen auf Social Media – ihre Inhalte zu monetarisieren begannen. Am Anfang dieser Entwicklung geschah dies hauptsächlich mittels Werbebanner, Affiliatelinks oder erhaltenen Gratisprodukten. Bald einmal kamen die ersten bezahlten Blogger-Kooperationen auf und man sprach neu von Sponsored Content und Blogger Marketing.

1.1.2 Social Media und Influencer

Die boomenden Sozialen Medien eröffneten nun für jedermann die niederschwellige Möglichkeit, Inhalte zu produzieren und über rasant wachsende soziale Netzwerke einer breiten Öffentlichkeit zur Verfügung zu stellen. Nun waren es nicht mehr nur fachkundige, wortgewandte und oft journalistisch ausgebildete, eher ältere Blogger, die Inhalte produzierten, sondern auch immer mehr jüngere Menschen, anfänglich häufig aus der Celebrity Szene, die sich lieber über Bild und Video ausdrückten und ihre Meinung zu neuen Themen wie Mode, Beauty oder Lifestyle öffentlich machten. Über Social Media informierten sie ihre Communities nicht nur über neue Trends, sondern gewährten auch in einer bisher noch nicht dagewesenen Art und Weise Einblicke in ihr glamouröses Leben und inspirierten und beeinflussten ihre Follower, ihren Lifestyle nachzuahmen. Dies war die Geburtsstunde der Influencer und der Beginn des Influencer Marketings.

1.1.3 Content Creator

Allerdings war im DACH-Raum der neue Begriff Influencer bald einmal negativ besetzt (s. Abschn. 1.5). Vermutlich weil der englische Begriff zu stark mit „beeinflussen" im Sinn von „manipulieren" in die deutsche Sprache übersetzt wurde als mit „beeinflussen" im Sinn von „inspirieren". Deshalb legen viele

1.1 Vom Blogger zum Influencer zum Content Creator – Who is Who?

Blogger großen Wert darauf, nicht als Influencer bezeichnet zu werden und auch Influencer weichen lieber auf den Begriff des Content Creator aus, weil sie nicht mit manipulatorischem Geschäftsgebaren in Verbindung gebracht werden wollen.

> „Ich sehe mich nicht als Influencer. Ich habe nicht zum Ziel, jemanden zu beeinflussen, sondern möchte inspirieren und Freude bereiten. Meine Leidenschaft liegt im Erstellen von hochwertigen Inhalten mit Mehrwert. Ich muss nicht möglichst viele Menschen erreichen, sondern möglichst gute Arbeit liefern. Somit nenne ich mich lieber Content Creator."
> Valeria Mella, Content Creator und Bloggerin bei www.littlecity.ch

Der Begriff Content Creator wird nicht nur als neutraler betrachtet, sondern auch von verschiedenen Social Media Plattformen wie Instagram und TikTok angewandt. Allerdings trifft dieser Begriff auch für Content Creator zu wie zum Beispiel Texter, Fotografen oder Videoproduzenten, die zwar auch kreative und professionelle Inhalte schaffen, aber über keine relevante eigene Followerschaft verfügen. Somit können sie per Definition keine eigentlichen Influencer sein beziehungsweise die Funktion als Influencer im Sinne des Blogger und Influencer Marketings mangels (genug großer) Community gar nicht erfüllen.

Ein Blogger oder ein Influencer ist also auf jeden Fall ein Content Creator (s. Abb. 1.1), umgekehrt muss ein Content Creator nicht zwingend einen Blog betreiben oder als Influencer mit einer großen Community unterwegs sein [9]. Für

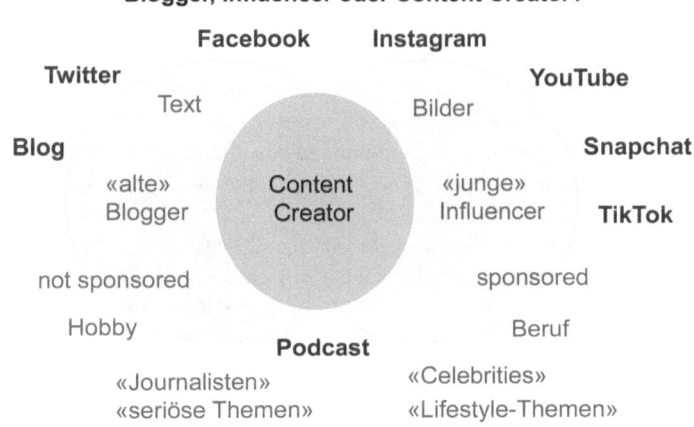

Abb. 1.1 Blogger, Influencer, Content Creator – Entwicklung, Definition und Abgrenzung

die Umsetzung eines erfolgreichen Blogger und Influencer Marketings kommen folglich nur Influencer in Frage, die über eine relevanten Community verfügen

1.2 Blogger oder Influencer – Mit wem sollen Unternehmen und Agenturen zusammenarbeiten?

Als Auftraggeber ist es wichtig zu wissen, mit wem man am besten zusammenarbeiten soll, um die gesteckten Marketingziele zu erreichen. Braucht es dazu einen Blogger, der sowohl eine eigene Plattform betreibt als auch auf den Social Media unterwegs ist? Reicht ein Influencer, der sich nur auf den Sozialen Medien bewegt? Macht ein Mix beider Content Creator Arten Sinn?

Mit wem die Zusammenarbeit sinnvoll und zielführend umgesetzt werden kann, hängt in erster Linie von den anvisierten Zielen (s. Abschn. 5.3) ab. Damit Blogger und Influencer als Kooperationspartner die an sie gestellten Erwartungen überhaupt erfüllen und die Kampagnenziele erreichen können, ist es wichtig, dass Unternehmen und Agenturen die Unterschiede und Gemeinsamkeiten zwischen Blogger und Influencer [1] sowie die Chancen und Risiken [14] bei deren Einsatz kennen und sie entsprechend sinnvoll einsetzen. Bevor sich Auftraggeber an die Suche und Evaluation passender Blogger oder Influencer (s. Abschn. 5.5) machen, müssen folgende Fragen beantwortet werden (s. dazu auch Tab. 1.1):

Welche Ziele verfolgt die Kampagne?
- Unternehmen und Agenturen müssen Blogger und Influencer Marketing grundsätzlich als ein Instrument betrachten, das in erster Linie eingesetzt wird, um längerfristige Ziele zu verfolgen. Zum Beispiel eine erhöhte Wahrnehmung der Unternehmung, eine Verbesserung des Images der Marke oder der Aufbau von Vertrauen. Egal, ob die Zusammenarbeit mit Bloggern oder Influencern umgesetzt wird – der Fokus ist bei dieser Marketingform auf Langfristigkeit gerichtet.
- Gelten die gesetzten Marketingziele einer möglichst breiten Erzeugung von Aufmerksamkeit, können sich Influencer mit größeren Reichweiten besser für Kooperationen eignen als Blogger, die sich in der Regel in Nischen bewegen und tendenziell über weniger große Communities verfügen.
- Bei eher verkaufsorientierten Maßnahmen dürfte die Zusammenarbeit mit Influencern sinnvoller sein als mit Bloggern, die ihre Stärke weniger im Performance Marketing zum Ausdruck bringen können als zum Beispiel vielmehr im Aufbau von Vertrauen.

1.2 Blogger oder Influencer – Mit wem sollen Unternehmen und ...

Tab. 1.1 Blogger oder Influencer – mit wem soll die Kooperation eher umgesetzt werden?

Unternehmensziele	Blogger	Influencer
Längerfristige, qualitative Ziele wie zum Beispiel Wahrnehmungsstärkung, Imageverbesserung oder Vertrauensaufbau	X	
Reichweitenziele wie zum Beispiel rasche, breite Aufmerksamkeit		X
Verkaufsorientierte Ziele		X
Ansprache von Nischen, Vermittlung von Nischenthemen	X	
Texte, Informationen, Fachwissen stehen im Vordergrund	X	
Bilder und Videos, Inspiration, Unterhaltung, Idol steht im Vordergrund		X
Wirkungsdauer der produzierten Inhalte	X	
Hoheit über produzierte Inhalte, Unabhängigkeit von Drittplattformen	X	
Erreichung sekundärer Ziele wie zum Beispiel SEO	X	
Nutzen-Kosten-Verhältnis	X	

Welche Botschaften sollen transportiert werden? Welche Zielgruppe sollen angesprochen werden? Über welche Sprache, über welches Gesicht soll die Zielgruppe erreicht werden?

- Ein Blogger publiziert seinen eher textlastigen, ausführlichen Content mit journalistischem Charakter auf seiner eigenen Plattform. Dabei stehen die verfassten Beiträge im Vordergrund und weniger der Blogger selbst. Seine Community besteht aus Lesern.
- Ein Influencer arbeitet eher visuell – mit Bild und Video. Sein Content ist kürzer, seine Sprache informeller. Seine Person steht im Vordergrund. Seine Community setzt sich aus Followern zusammen.
- Sowohl Blogger als auch Influencer können spezifischen Themengebieten zugeordnet werden, zum Beispiel Reisen, Food, Lifestyle oder Familie und haben eine entsprechend interessierte Leserschaft oder Community, die ihre Inhalte konsumiert und ihre persönliche, authentische Meinung schätzt.

Was soll erreicht werden? Eine große Reichweite mit viel Aufmerksamkeit? Eine Nische mit viel Engagement für das Thema?

- Blogger haben meist eine geringere Reichweite als Influencer. Auf Social Media zählen sie in der Regel zu den Nano- oder Micro-Influencern (s. Abschn. 2.9), die eine bestimmte Nische besetzen.

- Influencer erzielen oft grössere Reichweiten und zählen in der Regel zu den Makro- oder Mega-Influencern.
- Allerdings verlängern die meisten Blogger ihre Inhalte auch über Social Media und sprechen damit nebst ihrer Leserschaft eine zusätzliche Community an, während Influencer meist keine zusätzliche eigene Plattform betreiben. Durch die Kombination von eigener Plattform und Sozialen Medien können Blogger unter Umständen gesamthaft eine größere und breiter gefächerte Reichweite erzielen als Influencer.

Wie lange soll der produzierte Inhalt wirksam sein?
- Die durch Blogger generierten Inhalte verfügen über eine deutlich längere Wirkungsdauer (s. Tab. 5.6) als Inhalte, die von Influencern für Social Media erstellt werden.
- Die Wirkungsdauer von Social Media Content reicht von ein paar Minuten auf Twitter bzw. X über ein paar Stunden auf Facebook bis zu einem Tag auf Instagram

Wer hat die Hoheit über die produzierten Inhalte? Wie abhängig ist man von Drittplattformen?
- Dank dem Betrieb einer eigenen Plattform sind Blogger im Gegensatz zu Influencern unabhängig von Algorithmen und Entscheidern von Drittplattformen wie Facebook, Instagram oder TikTok, die jederzeit das Geschäftsgebaren ändern oder die Kanäle schließen können. Blogger behalten die Hoheit über ihren Content, davon profitieren auch Kooperationspartner, die dadurch wiederum mit einer langfristigen Wirkung ihrer Maßnahmen rechnen können.
- Influencer, die Inhalte nur über Drittplattformen wie Facebook, Instagram & Co. veröffentlichen, ohne eine eigene Plattform zu betreiben, machen sich und ihre Auftraggeber von Social Media Plattformen abhängig.

Werden sekundäre Ziele verfolgt?
- Blogmarketing stärkt die Positionierung des Unternehmen als Experte in einem Gebiet und verbessert die Sichtbarkeit in Suchmaschinen

Wie sieht der Budgetrahmen aus?
- Während sich der Tausenderkontaktpreis (TKP) bei Plattformen wie Instagram und TikTok bei ungefähr 20 bis 25 € bewegt, liegt der TKP bei Blogs mit ungefähr 60 € deutlich höher, weil der Blog als qualitativ hochwertige und nachhaltige Publikationsplattform gilt (s. Tab. 5.5)

- Dennoch erhalten Kooperationen mit Bloggern im Vergleich zu Influencern tendenziell weniger Beachtung und Anerkennung und in der Folge auch kleinere Budgets. Das liegt vor allem daran, dass zur Erfolgskontrolle einer Kampagne immer noch viel zu oft nur die reinen Followerzahlen von Influencern auf Social Media herangezogen werden.

▶ Blogger und Influencer haben eins gemeinsam: Sie sind Content Creator, die in erster Linie Experten in ihrem Gebiet sind und die Rolle eines Opinion Leaders übernehmen. Sie haben eine Vorbildfunktion, fungieren als Identifikationsfiguren, stellen Inspirationsquellen dar und verfügen über eine relevante, treue und involvierte Leserschaft beziehungsweise Community.

Unabhängig, ob sich Unternehmen und Agenturen bei der Umsetzung einer Zusammenarbeit für einen Blogger oder Influencer entscheiden, sollte der gewählte Kooperationspartner in erster Linie zum Unternehmen und zur Marke passen, die richtige Zielgruppe ansprechen und entsprechend relevante und authentische Inhalte produzieren, die das Erreichen der gesetzten Ziele ermöglichen. Oft kann eine Kombination aus Bloggern und Influencern Sinn machen, um die verschiedenen Ziele erreichen zu können.

1.3 Was versteht man unter Blogger und Influencer Marketing?

Blogger Marketing lässt sich auf Blogs zurückführen, die vor über 30 Jahren entstanden und ab etwa dem Jahr 2000 immer beliebter und sichtbarer wurden. Unterdessen gibt es weltweit knapp 600 Mio. Blogs. Influencer Marketing ist erst mit dem Aufkommen von Facebook, Instagram und Co. entstanden, hat sich seither enorm weiterentwickelt und gewinnt weiterhin an Bedeutung (s. Abb. 1.2).

Als Teil des Digital Marketings versteht man unter Blogger und Influencer Marketing die Zusammenarbeit mit Bloggern und Influencern, die als Multiplikatoren bei der Umsetzung von Marketingkampagnen ins Projekt miteinbezogen werden. Ihr größtes Potenzial entfalten sie beim Erreichen von qualitativen, langfristigen Zielen wie die Bekanntheit einer Unternehmung oder Marke steigern, die Sichtbarkeit erhöhen, die Reputation und das Image verbessern, Vertrauen schaffen und stärken, Interesse wecken, in Kontakt mit der Zielgruppe treten und im ständigen Dialog bleiben.

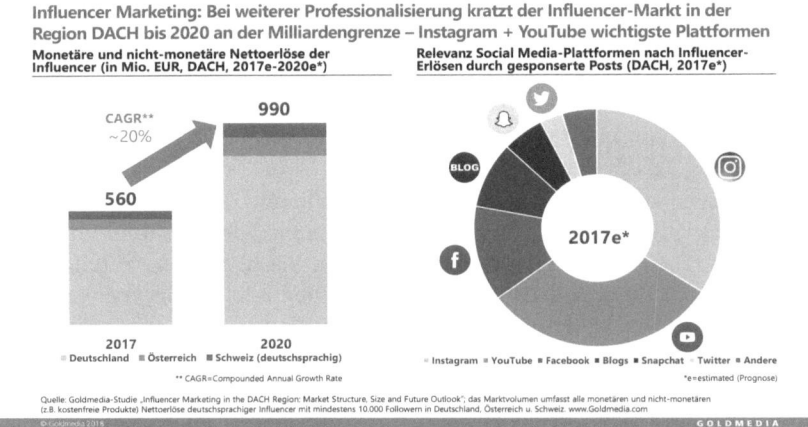

Abb. 1.2 Influencer Marketing in der DACH-Region. (Quelle: Goldmedia Studie)

„Blogger und Influencer Marketing ist kein Hype. Es wird sich weiter etablieren, allerdings von der reinen Reichweiten-Betrachtung – endlich! – zur Relevanz-Betrachtung übergehen und sich entsprechend ‚zum Besseren' ändern.
Wer konsequent, seriös und transparent arbeitet und eine passende Nische besetzt, kann von dieser Entwicklung profitieren."
Rita von www.dieangelones.ch, 2018, Input-Referat Swiss Blog Family

Erfolgreiches Blogger und Influencer Marketing erfordert einerseits Kenntnisse des Markts und der aktuellen Trends (s. Kap. 2) sowie der zu beachtenden rechtlichen Aspekte (s. Kap. 3) und zu respektierenden ethischen Werten (s. Kap. 4). Anderseits braucht es bei der Umsetzung der Blogger und Influencer Marketingstrategie von allen Akteuren die Bereitschaft, sich gegenseitig zu vertrauen, auf Augenhöhe miteinander zu arbeiten, sich bei allen Prozessschritten gegenseitig zu unterstützen und zu ergänzen, um Synergien bestmöglich zu nutzen und sich die Verantwortung für den Erfolg zu teilen.

Seit einigen Jahren wird Blogger und Influencer Marketing weltweit als sehr effiziente Marketingdisziplin betrachtet. Unternehmen schätzen den Return on Investment höher ein als bei alternativen Werbeformen. Die Veränderung der Mediennutzung weg von linearen Fernsehformaten hin zu Social Media stellt den Ursprung dar für die steigenden Werbeausgaben von Unternehmungen in Blogger und Influencer-Marketing [7]. Über ein Drittel der weltweit befragten Unternehmen gaben an, 10 % bis 20 % ihres Budgets in Blogger und Influencer

Marketing zu investieren, 11 % setzten sogar mehr als 40 % dafür ein [5]. Die Verlagerung der Ausgaben für digitale Werbung auf Social Media steigt weiterhin an, gleichzeitig werden die Aktivitäten überlegter gestaltet und professioneller umgesetzt [2, 11].

1.4 Die Stärken von Bloggern und Influencern

Blogger und Influencer stellen qualitativ hochwertige Inhalte her und veröffentlichen diese über ihre Kanäle – sei es Blogs oder ähnliche Online Plattformen und/oder Social Media Kanälen. Dadurch fungieren sie als Multiplikatoren von Botschaften. Gleichzeitig stehen sie im Austausch mit ihren Lesern und Followern und bauen über einen längeren Zeitraum Vertrauen zu ihrer Community auf. Blogger und Influencer können von Unternehmen perfekt dafür eingesetzt werden, um mit einer bestimmten Zielgruppe in Kontakt zu treten und diese während ihrer Customer Journey mehrmals anzusprechen (s. Abb. 1.3).

„Menschen folgen Menschen. Statt Organisationen wollen die Nutzer Gesichter. Ich will jemanden, der für einen Content verantwortlich ist – etwas Reales, kein juristisches Gebilde. Das ist auch der Grund, warum auf vielen Kanälen (etwa LinkedIn) Einzelpersonen oft mehr Reichweite haben als ihre Unternehmen, warum Elon Musk mehr Follower hat als Tesla. "
Tanja Herrmann, Geschäftsführerin und Gründerin Webstages, www.webstages.ch

Die Stärken von Bloggern und Influencern (s. Abb. 1.4) liegen darin, dass sie …

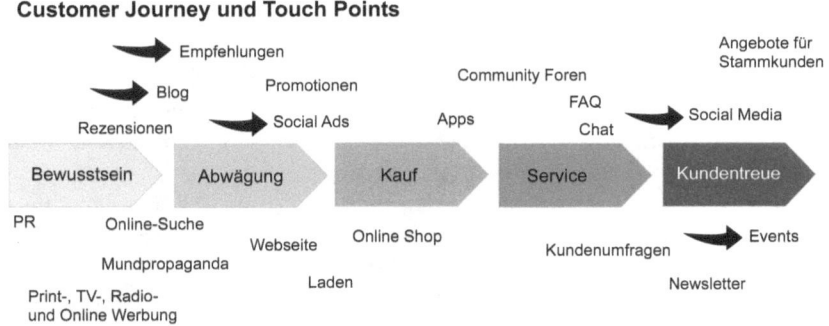

Abb. 1.3 Blogger und Influencer erreichen die Zielgruppe mehrmals auf ihrer Kundenreise

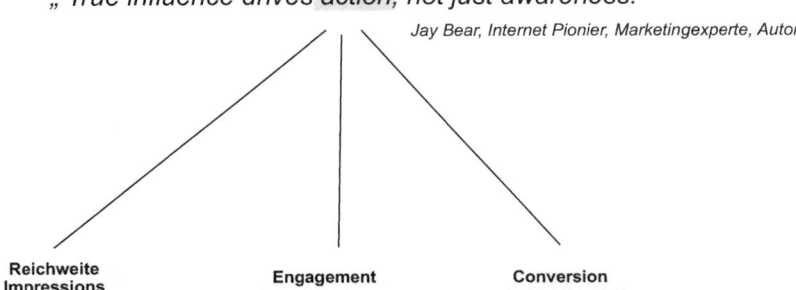

„ True influence drives action, not just awareness."
Jay Bear, Internet Pionier, Marketingexperte, Autor

Abb. 1.4 Die Stärke von Bloggern und Influencern – sie erwirken eine Handlung

- durch die Nähe und persönliche Bindung zur Zielgruppe sowie das Vertrauen, das sie von ihrer Community genießen, die Distanz zwischen Unternehmen und Zielgruppe überbrücken können.
- als Sprachrohr von Unternehmen fungieren und die Zielgruppe in ihrer eigenen Sprache sowie auf ihre eigene Art und Weise auf Augenhöhe erreichen.
- Content aus einer anderen Perspektive als derjenigen ihrer Auftraggeber produzieren und mittels passendem Storytelling (s. Abschn. 2.1) auch abstrakte, schwierige oder unattraktive Themen für die Zielgruppe verständlich vermitteln können.
- einer (auch abstrakten) Unternehmung oder Marke ein persönliches, authentisches Gesicht verleihen und für die Zielgruppe nahbar machen können.
- rascher, flexibler und kreativer agieren können als Unternehmen, die für Aktivitäten oft aufwändige interne Compliance Prozesse durchlaufen müssen.
- dank ihrer Bindung zur eigenen Community und der Fähigkeit, ebenbürtig mit ihr zu interagieren und Diskurse auszulösen, eine organisch höhere Reichweite sowie ein höheres Engagement als ihre Auftraggeber erzielen.
- als Touch Point entlang der Informationsreise von Konsumenten einen besonderen Stellenwert haben und die Zielgruppe trotz immer verbreiteter Adblockern via Empfehlungsmarketing erreichen.
- sie in der Lage sind, ihre Community zu einer Handlung zu bewegen – was dazu führt, dass gemäß Umfragen der Return on Investment von Blogger- und Influencer Marketing weltweit höher eingeschätzt wird als bei alternativen Werbeformen.

1.4 Die Stärken von Bloggern und Influencern

1.4.1 Die besondere Bedeutung von Blogs

Immer wieder werden Blogs totgeredet. Doch Blogs verlieren nicht an Bedeutung – im Gegenteil: Sie werden für eine auf mehreren Ebenen wirksame und nachhaltige Blogger und Influencer Strategie aus den folgenden Gründen immer wichtiger [3]:

Blogs sind ein Bedürfnis und haben eine langjährige, treue Leserschaft
Blogs befriedigen offensichtlich ein Bedürfnis, denn die Leserzahlen sprechen für sich. Es gibt eine wichtige, kaufkräftige und kritische Zielgruppe von Menschen zwischen 30 und 55 Jahren, die Blogs lesen, sich von Bloggern inspirieren lassen und den Empfehlungen von Bloggern vertrauen. Eltern sind in dieser Zielgruppe überdurchschnittlich oft vertreten. Dies ist seit Jahren so und wird sich auch in den nächsten Jahren kaum verändern. Denn: Der Blogkonsum nimmt – nach einer Phase der Stagnation – laut Studien wieder zu. Es werden wieder mehr Blogs gelesen, am liebsten zu den Themen Reisen und Essen. Andere Social Media Kanäle müssen eine derartige Langlebigkeit erst unter Beweis stellen.

Blogs sind umfassend – Blog Content is King
Authentische, kreativ umgesetzte Inhalte mit Mehrwert stehen mehr denn je im Vordergrund. Ehrliche Geschichten und glaubwürdige Botschaften können auf einem Blog ausführlicher, tiefgründiger und für die Leser nachvollziehbarer erzählt und transportiert werden als dies in einer Instagram-Caption erreicht werden kann.

Langlebig und nachhaltig – Blogbeiträge sind für die Ewigkeit gedacht
Blog-Inhalte stehen auch Jahre nach der Veröffentlichung im Internet zur Verfügung und sind immer wieder auffindbar. In der Customer Journey (s. Abb. 1.3) spielen Blogs und deren Inhalte eine entscheidende Rolle, wenn Kunden zu einem Thema recherchieren, sich informieren oder inspirieren lassen wollen und über Google auf relevanten, authentischen Blogcontent mit Mehrwert stoßen. Gute Blogbeiträge können sich zu sogenannten Evergreen-Beiträgen entwickeln, die immer wieder gelesen werden (s. Abb. 1.5). Auch kann man einfach und gezielt nach spezifischen Blogbeiträgen suchen – etwas, was für Content, der via Instagram oder Facebook produziert und publiziert wurde, viel komplizierter, wenn nicht sogar unmöglich ist.

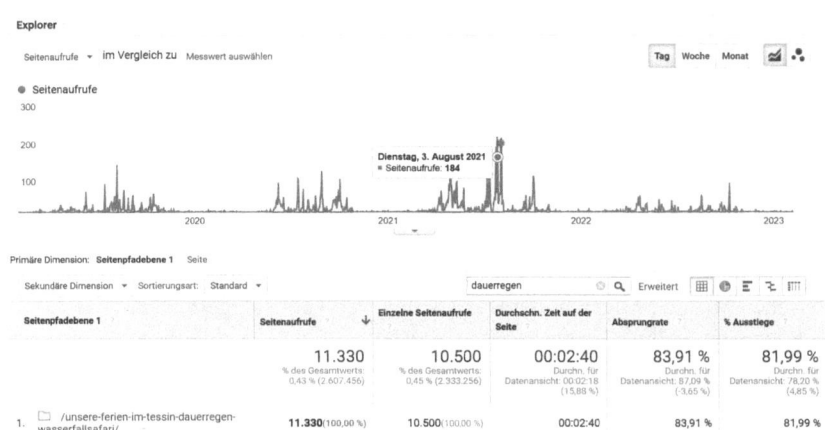

Abb. 1.5 Regnet es im Tessin, wird der Evergreen-Beitrag immer wieder via Google gefunden

Unabhängig – ein Blog gehört dem Blogger
Ein Blog ist ein unabhängiges Medium, eine Art kleiner Verlag, der allein dem Blogger gehört. Der eigene Blog-Content erreicht die Leser unabhängig vom Algorithmus von Instagram, Facebook oder TikTok. Ein Blog existiert auch dann, wenn Social Media Plattformen ihren Dienst von heute auf morgen einstellen würden. Von dieser Unabhängigkeit und Sicherheit profitieren nicht nur der Blogger, sondern auch ihre Kooperationspartner.

▶ **Wichtig**
Wie wichtig es ist, nicht von einer Social Media Plattform abhängig zu sein, beweist die aktuelle Diskussion rund um ein allgemeines TikTok Verbot in den USA, das unter Umständen Schule machen könnte – nicht zuletzt, weil die Gen Z TikTok als Plattform zwar liebt, doch gleichzeitig auch für die Themen Daten- und Jugendschutz sensibilisiert ist.
Im US-Kongress, im Weißen Haus und in Kanada ist die Video-App auf Diensthandys bereits verboten. Auch auf den Smartphones der EU-Kommission darf die App nicht mehr benutzt werden. Genauso ist die Nutzung von TikTok auch auf allen Diensthandys

1.4 Die Stärken von Bloggern und Influencern

der Bundesregierung untersagt. Die Liste der Länder, die sich dieser Restriktion anschließen, wird immer länger.

Selbst wenn ein allgemeines Verbot der Plattform derzeit unrealistisch erscheint, wird deutlich, wie schnell sich eine für gegeben angenommenen Situation ändern kann, wenn sich gesellschaftliche, wirtschaftliche oder politische Haltungen verändern. Blogger und Influencer, die ihr Tun auf eine Plattform fokussieren oder gar beschränken, müssen sich des Risikos bewusst sein, dass diese plötzlich nicht mehr verfügbar sein könnte. Allgemeine Verbote sind nur ein möglicher Grund dafür. Viel realistischer sind allerdings Ursachen wie Nachfragerückgang aufgrund Interessensschwund und Verschiebungen auf andere trendigere Plattformen.

Relevanz vor Reichweite – ein Blog setzt nicht auf Follower oder Likes
Ein Blog erreicht vielleicht nicht Hunderttausend Leser und definiert sich nicht über die Anzahl Likes pro Beitrag. Dafür trumpft er mit einer echten Leserschaft, die sich über engagierte Kommentare mit einem Thema auseinandersetzen. Die sogenannte Engagement-Rate ist bei einem Blog hoch, die Leser identifizieren sich seit Jahren mit dem Blogger, seinen Werten und seinen Inhalten, sie sind involviert und oftmals auch kritisch – was eine noch interessantere, differenziertere Auseinandersetzung mit dem Thema ermöglicht und auch für Auftraggeber eine wichtige Quelle für relevante Rückmeldungen ist.

Wichtige Trichterfunktion – Blogs triagieren Informationen und Erfahrungen
Die Informationsflut wird weiter zunehmen. Für die Triage von Informationen braucht es Filter oder Trichter, denen man vertraut und mit denen man sich identifizieren kann. Blogger als Vermittler von relevantem, authentischem und nutzbringendem Content wird es in Zukunft erst recht brauchen. Reines Bespaßen über Social Media wird allein auf lange Frist nicht mehr ausreichen. Gefragt werden je länger je mehr vertrauenswürdige Informationen und Erfahrungen von Menschen, denen man wirklich vertrauen und mit denen man sich über Jahre hinweg identifizieren kann.

„Blogs sind tot! Das wird seit Jahren behauptet. In Wahrheit nimmt ihre Bedeutung stetig zu, während Xing Gruppen schließt, Meta Konten sperrt und Twitters bzw. Xs Zukunft ungewiss ist. Blogs wird es auch in zehn Jahren geben (vielleicht heißen sie dann nur anders), denn Blogger behalten die Hoheit über ihren Content. Blogger

werden auch als Kooperationspartner für Marketing-Kampagnen immer relevanter. Denn Erfahrungsberichte von echten Menschen sind ein signifikantes Unterscheidungsmerkmal zu KI-generierten Texten. ChatGPT, Bard & Co. können die Wirkung von haptischen Erlebnissen, Gerüchen, Klängen, Farben und die dadurch ausgelösten Emotionen nicht beschreiben. Darum setzen Unternehmen und Agenturen zunehmend auf Blogger als authentische Botschafter für Marken und Produkte."
Eddy Andrae, Geschäftsführer trusted blogs, www.trusted-blogs.com

▶ Der Einsatz von Bloggern im Blogger und Influencer Marketing lohnt sich für Unternehmen, denn er weist viele Vorteile auf. Blogger stellen fachlich qualifizierte und engagierte Kooperationspartner dar. Ihre Inhalte verfügen über eine hohe Themenrelevanz sowie Qualität und erreichen eine interessierte und engagierte Zielgruppe in vielen verschiedenen Bereichen. Der Streuverlust ist gering und die Wirkung von Blogger Maßnahmen ist aufgrund der jahrelangen Lebensdauer der Inhalte äußerst nachhaltig. Das gute Preis-Leistungs-Verhältnis von Blogger Maßnahmen führt gesamthaft betrachtet zu einem optimalen Return on Investment.

1.4.2 Die besondere Bedeutung von Newslettern

Im Zusammenhang mit der besonderen Bedeutung des Blogs im Sinne einer Plattform, die dem Blogger oder Influencer selbst gehört, darf der Einsatz von Newslettern in einem wirkungsvollen Blogger und Influencer Marketing nicht vergessen gehen. Newsletter treten sehr oft in Kombination mit einem Blog oder einer ähnlichen Online-Plattform auf und zählen seit Langem zu den etablierten Instrumenten im Onlinemarketing, denn sie weisen einige Vorteile auf:

- Newsletter erreichen Leser und Follower direkt, persönlich und ohne Streuverlust.
- Die Leser und Follower haben freiwillig einem Abonnement zugestimmt, haben folglich ein starkes Interesse an den Inhalten und treten dem Blogger oder Influencer mit Wohlwollen und Vertrauen gegenüber. Dies ist die beste Voraussetzung für ein starkes Engagement und eröffnet realistische Chancen für das Erreichen von Conversions, zum Beispiel in Form von Zugriffen auf den eigenen Blog, den eigenen Shop oder aber auch auf Social Media Kanäle.
- Durch den regelmäßigen Versand von Newslettern entsteht ein regelmäßiger Kontakt zur eigenen Community, was die Bindung enorm stärkt.

- Der stetige Aufbau des Newsletterverteilers reduziert die Abhängigkeit von Drittplattformen, die jederzeit Änderungen an Geschäftsbedingungen und Algorithmen vornehmen können.

Leider kann man die Anzahl Newsletter-Abonnenten nicht so prominent zur Schau stellen wie die Anzahl Follower auf Facebook, Instagram oder TikTok. Doch über eine lange Newsletter-Liste zu verfügen, ist für Blogger und Influencer wichtiger als hohe Follower-Zahlen auf Plattformen, die jederzeit ihre Spielregeln ändern können.

▶ **Wichtig**
Es lohnt sich für Blogger und Influencer, in Ergänzung zum eigenen Blog oder zur eigenen Online-Plattform einen Newsletter zu betreiben und in den Aufbau eines treuen Stamms an Newsletter-Abonnenten zu investieren. Die Kombination von Blog oder Online Plattform und Newsletter schafft gegenseitige Synergien, die für das Blogger und Influencer Marketing sehr wertvoll sind.

Auftraggeber sollten bei der Evaluation eines passenden Bloggers oder Influencers nicht nur auf die offensichtlichen Leser- und Followerzahlen achten, sondern auch ein Augenmerk auf das Vorhandensein eines Newsletters legen und sich beim Blogger oder Influencer direkt über die Abonnentenzahl informieren.

1.5 Herausforderungen bei der Arbeit mit Bloggern und Influencern

Kritiker sehen bei der Arbeit mit Bloggern und Influencer oft undifferenzierte Risiken, die sie davon abhalten, dies Art von Marketinginstrument überhaupt auszuprobieren. Wie bei jeder anderen Marketingform gibt es auch im Blogger und Influencer Marketing Herausforderungen und wie überall, wo es Stärken gibt, existieren auch Schwächen. Wichtig ist, mögliche Stolpersteine bei der Arbeit mit Bloggern und Influencern zu kennen – genauso wie die Möglichkeiten, um diese zu minimieren oder gar zu eliminieren:

Kontrollverlust
Bei der Arbeit mit Bloggern und Influencern muss seitens Auftraggeber die Bereitschaft vorhanden sein, die vollständige Kontrolle über den zu produzierenden Content abzugeben. Unternehmen und Agenturen können die

gewünschten Inhalte nicht bis ins letzte Detail vorgeben. Persönliche Meinungsfreiheit und Kreativität sowie die Art und Weise, wie sie Botschaften an ihre Communities herantragen, zeichnen Blogger und Influencer aus (s. Abschn. 1.4) und müssen vom Auftraggeber toleriert werden.

Ein beziehungsorientierter Ansatz bei der Zusammenarbeit (s. Abschn. 1.6), der auf gegenseitigem Vertrauen basiert, ist eine wichtige Voraussetzung, um einen Teil der Kontrolle abgeben zu können. Zudem helfen gemeinsam mit dem Blogger oder Influencer konzipierte Maßnahmen sowie klar formulierte Zusammenarbeitsverträge und Briefings und nötigenfalls ein Freigabeprozess sicherzustellen, dass die Inhalte den qualitativen und rechtlichen Vorgaben sowie den Vorstellungen der Auftraggeber entsprechen. Dabei müssen Auftraggeber aber immer die Authentizität und kreative Freiheit des Bloggers und Influencers wahren.

Verstoß gegen gesetzliche und ethische Richtlinien
Aufgrund der zum Teil unklaren Rechtslage (s. Kap. 3) sowie fehlender eindeutiger ethischer Vorgaben (s. Kap. 4) gekoppelt mit zum Teil noch mangelhaften einschlägigen Kenntnissen der verschiedenen Akteure haben Auftraggeber Bedenken, dass Blogger und Influencer ihre Arbeit nicht gesetzes- oder gesellschaftskonform umsetzen und rechtliche Pflichten oder ethische Grundsätze missachten könnten.

Die korrekte Umsetzung von Gesetzen und Richtlinien liegt genauso in der Verantwortung der Auftraggeber wie der Blogger und Influencer. Klar formulierte Kooperationsverträge und Briefings mit Angabe von einzuhaltenden Spielregeln sowie Support in Form von Coaching und Know-how-Transfer stellen sicher, dass die Kooperation von allen Akteuren rechtlich korrekt und ethisch vertretbar umgesetzt werden kann.

Negative Entwicklung des Kooperationspartners
Auftraggeber befürchten, dass sich ihre Kooperationspartner über eine gewisse Zeit, in eine Richtung entwickeln könnten, die nicht mehr zum Unternehmen passt. In der Tat kann es vereinzelt zu Fällen kommen, bei denen sich ein ursprünglich perfekt zum Unternehmen passender Blogger oder Influencer in eine Richtung verändert, die für den Auftraggeber nicht mehr passend und nicht mehr haltbar ist. Zum Beispiel, wenn das einstmalige Aushängeschild des Unternehmens oder der Marke plötzlich tendenziöse Aussagen, pseudowissenschaftliche Tipps, schlecht oder falsch recherchierte Informationen bis hin zu Verschwörungstheorien verbreitet.

Ein wachsames Auge im Sinne eines sorgfältigen Monitorings und Social Listenings (s. Abschn. 5.10) während der gesamten Kooperationsdauer hilft, sich abzeichnende Entwicklungen in eine falsche Richtung frühzeitig zu erkennen, anzusprechen und zu klären.

Reputationsschaden
Nicht immer führen die beschriebenen Verstoße gegen gesetzliche und ethische Richtlinien oder negative Entwicklungen des Kooperationspartners zwingend zu einem Reputationsschaden. Doch das Risiko besteht und Unternehmen befürchten, durch ein Fehlverhalten des Bloggers oder Influencers in einen Skandal oder Shitstorm (s. Abschn. 5.10) zu geraten und dadurch einen Reputationsschaden höheren Ausmaßes zu erleiden.

Die entscheidenden Faktoren, um dieses Risiko zu minimieren, sind einerseits die Evaluation eines vertrauenswürdigen, professionell agierenden Bloggers oder Influencers sowie andererseits ein aufmerksames Monitoring bei der Umsetzung der Marketingmaßnahmen, das sich anbahnende Krisen möglichst frühzeitig erkennen lässt und Maßnahmen zur Prävention oder Bewältigung bereithält.

Konkurrenz
Für Unternehmen ist es suboptimal, wenn Blogger oder Influencer auch mit der Konkurrenz zusammenarbeiten.

Soll eine (Teil-)Exklusivität in der Kooperation mit dem ausgewählten Blogger oder Influencer gewährleistet sein, muss eine entsprechende Konkurrenzklausel vereinbart werden, die festhält, dass der Blogger oder Influencer in einem gewissen Zeitraum keine Kampagne mit der direkten Konkurrenz umsetzen darf (s. Abschn. 5.8). Auch in diesem Fall macht sich der relationale Ansatz bei der Zusammenarbeit ausbezahlt, bei welchem auch seitens Blogger und Influencer das Interesse besteht, eine längerfristige und umfassende Zusammenarbeit mit ein und demselben Auftraggeber einzugehen.

Aufwand
Die Planung, Umsetzung und Erfolgskontrolle von Blogger und Influencer Marketing sind aufwändig und benötigen Know-how und Erfahrung. Unternehmen müssen abschätzen, ob sie den Prozess selbständig umsetzen können oder ob sie die Unterstützung einer Agentur benötigen – zumindest am Anfang.

▶ Dank der Professionalisierung der gesamten Blogger und Influencer Branche arbeiten die meisten Akteure kompetent und verantwortungsbewusst, so dass die Risiken und Herausforderungen für mit Blogger und Influencer arbeitende Unternehmungen überschaubar und eingrenzbar sind. Unternehmungen, die sich der Risiken und Herausforderungen bewusst sind und sich darauf einstellen und gut vorbereiten, können von den zahlreichen Stärken dieses Marketinginstruments profitieren.

Blogger und Influencer Bashing
Der Begriff Influencer ist negativ besetzt, Influencer-Bashing ist in [4]. Die heutige Gesellschaft verspürt einen Drang, vorwiegend über Social Media Dritte zu kritisieren und zu verurteilen. Der Job als Influencer gilt als unseriös, gar verwerflich [13]. Die Influencer werden als geldgierig, arbeitsfaul, oberflächlich und als unehrliche Shower betrachtet, die Pseudo-Inhalte produzieren, nur bezahlte Posts veröffentlichen und dabei (Schleich-)Werbung machen. Sie haben Haters, die bei kleinsten „Verfehlungen" sofort mit dem Finger auf sie zeigen [7], sie mit Shitstorms überrollen und ihnen die Schuld an allen Problemen im Umgang mit Sozialen Medien geben. Das beliebte Influencer Bashing ist mit ein Grund, weshalb der Begriff Content Creator entstanden ist und viele Blogger und Influencer diesen Begriff für die Bezeichnung ihrer Tätigkeit bevorzugen. (s. Abschn. 1.1).

Doch bevor man Blogger und Influencer abstempelt, sollte man sich über ihre Qualitäten und ihr Potential (s. Abschn. 1.4) bewusst werden. Menschen, die den Mut haben, öffentlich eine Meinung respektvoll zu vertreten und dafür auch auf eine gewisse Privatsphäre zu verzichten, verdienen grundsätzlich Respekt. Für ihre Arbeit betreiben sie Blogs und Social Media Kanäle. Die Produktion von Inhalten ist mit Arbeit verbunden. Wenn ihr Content der Leser- und Followerschaft kostenlos über Blog oder Social Media Kanal zur Verfügung gestellt werden soll, benötigen sie Einnahmequellen aus Kooperationen, da die Bereitschaft, für werbefreien Content zu bezahlen, in der Gesellschaft sehr gering ist. Also gehen Influencer bezahlte Zusammenarbeiten ein. Niemand wird gezwungen, ihren Content zu konsumieren.

1.6 Arten der Zusammenarbeit mit Bloggern und Influencern

Die Wahl der sinnvollsten Art der Zusammenarbeit mit Bloggern und Influencern muss dem übergeordneten Marketingziel entsprechen. Es gibt verschiedene Ansätze:

1.6 Arten der Zusammenarbeit mit Bloggern und Influencern

Geschenk basierter Ansatz
Gerade in den Anfängen des Blogger und Influencer Marketings pflegten Unternehmen und Agenturen, Bloggern und Influencern ungefragt Produkte oder Dienstleistungen als Geschenk zukommen zu lassen. Als Gegenleistung erhofften sie sich im Sinne eines Danks die Erwähnung des Produktes oder der Dienstleistung in einem Blogbeitrag oder auf den Sozialen Medien. Noch heute verfolgen einige Unternehmen diesen Ansatz, insbesondere gegenüber Bloggern und Influencern mit kleineren Follower-Zahlen und geringeren Reichweiten.

Dieser Ansatz trägt der fairen Honorierung von Blogger und Influencer Arbeit nicht Rechnung. Denn auch kleinere Blogger und Influencer betreiben einen nicht zu unterschätzenden Aufwand für die Erstellung von Content und dürfen nicht nur anhand von günstigen Tausenderkontaktpreise-Überlegungen entlöhnt werden. Mit der Zustellung von Testprodukten kann Blogger und Influencer Arbeit nicht kostendeckend entgolten werden. Mangels Vertrag und Briefing haben Unternehmen und Agenturen, die so agieren, selbst auch keinen Einfluss auf die Art und Weise, wie der Blogger oder Influencer die Produkte und Dienstleistungen auf seinen Kanälen präsentiert – dementsprechend gering ist die Auswirkung. Geschenk basierte Ansätze sind aufgrund der fragwürdigen Honorierung und der mangelnden Möglichkeiten, Einfluss auf den Content zu nehmen, heute nicht mehr zu empfehlen.

Vertragsbasierter Ansatz
Die meisten Unternehmen und Agenturen gehen unterdessen Zusammenarbeitsvereinbarungen mit Bloggern und Influencern ein. In einem Kooperationsvertrag und in einem Briefing werden Leistung und Gegenleistung sowie weitere Details für das Umsetzen einer Maßnahme festgehalten. Mehrheitlich verfolgen Auftraggeber heute den vertragsbasierten Ansatz. Er hat den Vorteil, dass die Zusammenarbeit zwischen den verschiedenen Parteien genau definiert werden kann. Werden bei diesem Ansatz die Kooperationspartner dauernd gewechselt, kann sich dies allerdings negativ auswirken. Dieser Ansatz macht dann Sinn, wenn man über eine oder wenige Maßnahmen, allenfalls auch in Zusammenarbeit mit mehreren Bloggern und Influencern gleichzeitig oder nacheinander, kurzfristig eine hohe Aufmerksamkeit erreichen will. Zum Beispiel bei der Lancierung und Bekanntmachung eines neuen Produkts.

Beziehungsorientierter Ansatz
Beim beziehungsbasierten Ansatz wird auf eine langfristige und enge Beziehung zwischen Unternehmen und relevanten Bloggern und Influencern gesetzt. Dabei investieren Unternehmen schon vor einer geschäftlichen Bindung Zeit, um sich

mit dem Blogger oder Influencer auseinanderzusetzen und dessen Community kennenzulernen. Kommt eine längerfristige Zusammenarbeit zustande, tritt das Unternehmen mit dem Blogger oder Influencer in einen Dialog, bietet ihm einen exklusiven Einblick ins Unternehmen, stellt ihm das Unternehmen und dessen Werte vor. Dies ermöglicht es dem Blogger oder Influencer, das Unternehmen, die Marke und die Werte zu verstehen, was die Grundlage für eine effiziente und authentischere Zusammenarbeit darstellt. Kennt der Blogger oder Influencer die Philosophie, die Werte, die Strategie, die Ziele seines Auftraggebers, kann er einfacher Inhalte produzieren, die sowohl den eigenen als auch den Vorstellungen des Kooperationspartner entsprechen. Dieser Ansatz eignet sich, wenn längerfristige, komplexere Kampagnen umgesetzt werden sollen.

Strategische Marken-Kooperation
Dank der laufenden Professionalisierung des Blogger und Influencer Marketings bauen immer mehr Unternehmen ihre Kooperationen weiter aus. Sie binden Blogger und Influencer in Projekte ein, teilen das Wissen über Zielgruppe und Vorgehensweise mit ihnen, unterstützen sie bei der Produktion von Inhalten, indem sie ihnen zum Beispiel auch exklusive Einblicke hinter die Kulissen gewähren, noch nicht lancierte Produkte zur Verfügung stellen oder mit ihnen zusammen neue Produkte entwickeln. Bei dieser Zusammenarbeitsform sind Unternehmen und Blogger oder Influencer enge Partner, die ein gemeinsames Wachstum anstreben. Das größte Potenzial dieser Kooperationsform stellt der Austausch von Wissen, Erfahrungen und Daten dar.

Will ein Unternehmen aktiv Einfluss auf den produzierten Content nehmen und gleichzeitig vom Wissen und von der Erfahrung des Bloggers oder Influencers profitieren, kann eine strategische Marken-Kooperation sinnvoll sein.

> **Best Practice Take Aways zur Entwicklung des Blogger und Influencertums**
>
> - Für die Umsetzung eines wirkungsvollen Blogger und Influencer Marketings sind nur Content Creator von Bedeutung, die eine eigene Plattform, wie zum Beispiel einen Blog betreiben und/oder Social Media Kanäle bespielen sowie über eine relevante Community in Form von Lesern oder Followern verfügen.
> - Blogs und ähnliche Online-Plattformen sind für eine auf mehreren Ebenen wirksame, unabhängige und nachhaltige Blogger und Influencer Strategie wichtig.
> - Blogger und Influencer müssen in erster Linie zum Unternehmen und zur Marke passen, die richtige Zielgruppe ansprechen und entsprechend

- relevante und authentische Inhalte mit Mehrwert produzieren, die das Erreichen der gesetzten Marketingziele ermöglichen.
- Die große Stärke von Bloggern und Influencern liegt darin, dass sie in der Lage sind, ihre Community auf Augenhöhe zu erreichen, Emotionen und Engagement auszulösen, sie zum Interagieren zu bewegen und zu einer Handlung zu motivieren.
- Die Risiken und Herausforderungen bei der Arbeit mit Bloggern und Influencern sind überschaubar und mittels präventiven Handelns und sorgfältigem Monitoring eingrenzbar bis vermeidbar.
- Beziehungsbasierte Zusammenarbeitsformen sowie strategische Marken-Kooperationen, die langfristig ausgerichtet sind und auf gegenseitigem Vertrauen und Respekt basieren, bieten die beste Ausgangslage, um das Potenzial und die Synergien des Blogger und Influencer Marketings am besten zu nutzen.
- Erfolgreiches Blogger und Influencer Marketing erfordert das Verständnis für die Essenz dieser Marketingform, Kenntnisse des Markts, der aktuellen Trends sowie der einzuhaltenden rechtlichen Aspekte und zu respektierenden ethischen Werten.
- Für das Blogger und Influencer Marketing werden weltweit immer mehr Mittel bereitgestellt. Die Marketingmethode wird als wirkungsvoll und effizient betrachtet. Der Return on Investment wird von Unternehmen höher eingeschätzt als bei alternativen Werbemaßnahmen.

Literatur

1. Andrae Eduard: Blogger und Influencer: Definitionen und Unterschiede (2023). https://www.trusted-blogs.com/tipps/unterschied-influencer-blog-marketing Zugegriffen am 02.04.2023
2. Baklanov Nick: Influencer Marketing Market Size and Forecast to 2025 (2022): https://hypeauditor.com/blog/instagram-influencer-marketing-market-size Zugegriffen am 02.04.2023
3. Benitez Christoph: Die ultimative Liste der Blogging-Statistiken für 2023 (2022). https://findstack.de/resources/blogging-statistics Zugegriffen am 02.04.2023
4. Blossey Marit: Wann sind Influencer eigentlich zum Hassobjekt unserer Gesellschaft geworden? (2023) https://mitvergnuegen.com/2018/wann-sind-influencer-eigentlich-zum-hassobjekt-unserer-gesellschaft-geworden Zugegriffen am 02.04.2023
5. Callebaut Yoeri: 13 Social-Media- und Influencer-Marketing Trends, auf die du jetzt achten solltest (2022): https://marketing.ch/social-media-marketing/13-social-media-und-influencer-marketing-trends-auf-die-du-jetzt-achten-solltest Zugegriffen am 02.04.2023

6. Digital Guide Ionos: Was ist ein Blog? (2021): https://www.ionos.de/digitalguide/hosting/blogs/was-ist-ein-blog Zugegriffen am 02.04.2023
7. DM EXCO 23: Influencer Marketing Trends 2023 (2023): https://dmexco.com/de/stories/influencer-marketing-trends-2023/ Zugegriffen am 22.04.203
8. Fernholz Denise: Hört endlich auf, Weltverbesserer wegen ihrer Unperfektheit zu bashen (2019): https://www.stern.de/neon/vorankommen/nachhaltigkeit/influencer-bashing--hoert-auf-mit-den-shitstorms-gegen-weltverbesserer-8555692.html Zugegriffen am 02.04.2023
9. Hummel Anjoula: Influencer vs. Content Creator : Wo ist eigentlich der Unterschied? (2021) https://segmenta-futurista.de/influencerinnen-vs-content-creator Zugegriffen am 02.04.2023
10. Knappe Annabelle: Influencer Marketing – Definition, Vorteile und Herausforderungen (2022). https://www.reachbird.io/magazin/de/influencer-marketing-definition-vorteile-herausforderungen Zugegriffen am 02.04.2023
11. mcschindler.com: Digital 2023: weniger Online-Zeit, verändertes Suchverhalten, boomende digitale Werbung (2023) https://www.mcschindler.com/digital-2023-weniger-online-zeit-veraendertes-suchverhalten-boomende-digitale-werbung Zugegriffen am 02.04.2023
12. Online Marketing Factory: So facettenreich ist Influencer-Marketing (2017). https://www.onlinemarketingfactory.ch/de/Blog/2017/Oktober/influencer-marketing-ansaetze.php Zugegriffen am 04.02.2023
13. Richert Beat: Unsinniges Influencer-Bashing (2018). https://blog.tagesanzeiger.ch/mamablog/index.php/80298/unsinniges-influencer-bashing Zugegriffen am 02.04.2023
14. Sandra: Influencer vs. Blogger (2021) https://www.reachbird.io/magazin/de/influencer-vs-blogger Zugegriffen am 04.02.2023
15. tobesocial Social Media Agentur: Die Evolution der Blogger: Eine Social Media Spezies entwickelt sich (2015). http://tobesocial.de/blog/blogger-evolution-social-media-marketing-spezies-infografik-erfolg-blog Zugegriffen am 02.04.2023

Markt & Trends 2

Um Blogger und Influencer Marketing erfolgreich umsetzen zu können, müssen sowohl die Auftraggeber als auch die Blogger und Influencer den Markt laufend analysieren und die aktuellen und künftigen Trends kennen, um immer wieder neue Inputs für die Umsetzung von wirkungsvollen Kampagnen zu gewinnen. Da Trends nicht nur in der Gesellschaft entstehen, sondern unterdessen immer öfters auch in der Social Media Welt müssen Unternehmen, Agenturen, Blogger und Influencer ein Sensorium für die einschlägigen Veränderungen entwickeln. Dies geschieht am besten, indem Unternehmen, Agenturen, Blogger und Influencer im ständigen Austausch mit ihren Zielgruppen und Communities stehen, ihnen zuhören (s. Abschn. 5.10) ihre Wünsche und Bedürfnisse aufnehmen und sich aktiv am Geschehen beteiligen, um die Trends frühzeitig zu erkennen und nach Möglichkeit zu fördern und für sich zu nutzen.

2.1 Sinnhaftes Storytelling für alle Sinne

Es ist unterdessen allgemein bekannt, dass man beim Blogger und Influencer Marketing nicht einfach von einem möglichst kreativen Product Placement spricht, sondern von Storytelling. Es geht längst nicht mehr darum, möglichst viele Informationen über ein Produkt oder eine Dienstleistung zu vermitteln, sondern diese in eine Geschichte zu verpacken und Communities über Emotionen und die Sinnfrage anzusprechen (s. Abschn. 2.11).

Hinter dem Begriff Storytelling steckt mittlerweile aber auch viel mehr, als nur eine gute Geschichte zu erzählen. Erfolgsversprechendes Storytelling im Sinne des Blogger und Influencer Marketings muss in erster Linie authentisch, gehaltvoll und relevant sein. Die verschiedenen Communities haben je länger je mehr das Bedürfnis nach Inhalten mit Mehrwert in Form von korrekten, nützlichen Informationen und wahrer Inspiration.

Gutes Storytelling darf durch Haltungsthemen überzeugen, mutig sein, einen klaren Standpunkt aufweisen – insbesondere rund um aktuelle Themen wie Nachhaltigkeit oder Vielfalt, Inklusion und Repräsentation (s. Abschn. 2.15.7). Dementsprechend ist gutes Storytelling integrierend, löst Emotionen aus, involviert die Community und regt sie zu einem Diskurs sowie zu Interaktionen an (s. Abb. 1.4). Es verfolgt ein klares Ziel und weist Kontinuität aus. Gutes Storytelling wird künftig eine immer wichtigere Rolle im Blogger und Influencer Marketing spielen. Es werden zwar neue Plattformen (s. Abschn. 13.2) und Formate sowie neue Tools (s. Abschn. 13.3) aufkommen, doch das Ziel, über gutes Storytelling Emotionen zu erzeugen, eine starke Bindung zur Community aufzubauen und in der Folge Einfluss auf Entscheidungen zu nehmen, bleibt gleich [1].

▶ Eine kreative Umsetzung einer Geschichte in Wort und Bild, interaktiv gestaltet und möglichst in Echtzeit verstärkt die Wirkung von Storytelling zusätzlich, genauso wie eine vielschichtige, sich gegenseitig ergänzende Verbreitung des Contents über viele verschiedenen Plattformen. Künftig wird das Storytelling zudem auch verstärkt alle Sinne ansprechen müssen. Dazu könnten das Metaverse (s. Abschn. 13.2) eine neue Bühne und KI-Tools (s. Abschn. 13.3) neue Chancen bieten.

2.2 Kurz-Videos und Live-Video Formate binden die Community

Videos sind seit Langem ein Trend. Insbesondere auf TikTok erfreuen sie sich größter Beliebtheit bei der Nutzergruppe. Angesagte Videos werden tendenziell immer kürzer. Da sie von den Nutzern überall und schnell angeschaut werden wollen, müssen sie „snackable" sein – also ohne großen Zeit- und Aufmerksamkeitsaufwand konsumiert werden können. Deshalb dauern Kurz-Videos nur noch ein paar Sekunden.

Auch die direkte Kommunikation mit der eigenen Community über Live-Video-Formate ist sehr beliebt. Unterdessen kann man auf den meisten Social Media Plattformen unkompliziert und schnell live gehen und direkt und niederschwellig in Austausch mit der eigenen Community treten.

▸ Insbesondere in den Live-Video Formaten liegt ein großes Potenzial für das Blogger und Influencer Marketing. Diese werden deutlich länger angeschaut als herkömmliche Videos, ermöglichen eine persönliche Interaktion mit der Zielgruppe und fördern das Engagement. Dadurch erhöhen sich die Chancen, höhere Conversion-Raten zu erreichen, zum Beispiel in Form von Käufen.

Dazu kommt, dass immer mehr Menschen Soziale Medien nicht nur als Grundlage für ihre Kaufentscheide nutzen, sondern ihre Käufe immer häufiger direkt über soziale Netzwerke tätigen. Ähnlich wie beim altbekannten Teleshopping ist es beim Livestream Shopping möglich, in Echtzeit mit einem Blogger oder Influencer zu interagieren, welcher der verkaufenden Unternehmung mehr Reichweite garantiert. Live-Shopping kann entweder in bereits bestehende Onlineshops integriert oder über TikTok, Instagram, Facebook & Co. umgesetzt werden.

▸ Live-Stream Shopping ist in erster Linie für Unternehmen interessant, aber auch für Blogger und Influencer, die einen eigenen Shop als zusätzliche Monetarisierungsmöglichkeit im Sinne der Creator Economy (s. Abschn. 2.14) einsetzen wollen. Es erreicht die Zielgruppe da, wo sie sich ohnehin schon die meiste Zeit befindet – auf Social Media. Noch ist der Livestream-Handel vor allem im asiatischen Raum ein Trend. Es ist allerdings nur eine Frage der Zeit, bis diese Verkaufsform auch in der DACH-Region Fuß fasst.

2.3 Podcasts schaffen zusätzlich Touchpoints

Auch Audio-Formate gewinnen an Beliebtheit und Bedeutung. Entsprechend stellen Podcaster eine neue Influencer-Kategorie (s. Abschn. 2.15) mit großem Potenzial dar. Podcasts schaffen Nähe, wecken Emotionen und ermöglichen das Vermitteln von tiefergreifenden Themen. Sie können überall, mehrmals gehört werden und weisen mit durchschnittlich 30 min und mehr eine hohe Nutzungsdauer auf sowie eine hohe Loyalität der Nutzer.

Podcasts können abonniert werden und schaffen dadurch weitere Touchpoints (s. Abb. 1.3). Sie bringen zusätzlichen Traffic auf Blogs oder andere Plattformen und sind nicht abhängig von Algorithmen. Gemäß Umfragen bleibt Podcast-Werbung im Kopf – die Hörer vertrauen dem Podcaster, der die Werbung selbst einspricht, überspringen sie nicht und lassen sich oft zu einer Handlung bewegen [21, 26].

▶ Podcasts erreichen ein Nischenpublikum und können im Blogger und Influencer Marketing zur Förderung der Markenbekanntheit und Expertenpositionierung sowie für das Schaffen weiterer Touchpoints zur Zielgruppe eingesetzt werden. Sie weisen einen geringen Initial- und Produktionsaufwand auf und können mit den heute zur Verfügung stehenden Tools niederschwellig sowohl von Bloggern und Influencern als auch von Unternehmen gestartet und betrieben werden, um das eigene Leistungsportfolio zu erweitern (s. Abb. 2.1).

Abb. 2.1 Betrieb eigener Experten-Podcast als Ergänzung des Leistungsportfolios

2.4 Pinterest steigert Reichweite und Traffic

In den USA hat Pinterest bereits eine große Bedeutung innerhalb des Blogger und Influencer Marketings. Die Plattform dient als Suchmaschine für Inspiration, bei der nicht der Blogger oder Influencer im Vordergrund steht, sondern in erster Linie der Inhalt. Über gesammelte Pins mit Ideen für künftige Anschaffungen kann gezielt auf Angebote von Unternehmungen weiter geklickt werden, was Pinterest als wichtiges E-Commerce-Tool auszeichnet. Als Plattform für positiven Content wird Pinterest immer beliebter und immer öfter als Alternative zu Instagram genutzt, ein Kanal, der im Gegensatz zu Pinterest in der öffentlichen Wahrnehmung immer mehr Risiken für die mentale Gesundheit birgt.

Die Stärke von Pinterest, bewusst ein Umfeld für sinnstiftende Beziehungen zwischen Brands und Nutzer zu bieten, trifft den Zeitgeist und weist ein entsprechendes Potenzial für verantwortungsvolles und nachhaltiges Blogger und Influencer Marketing auf. Pinterest eignet sich zudem sehr gut, um Blog-Content zu verlängern, da sich die Plattform über die Langlebigkeit der Pins auszeichnet. Pinterest-Inhalte können sich zu Evergreens entwickeln, vor allem im Bereich Food, DIY oder Reisen.

Pinterest eignet sich auch als Ergänzung zu Instagram, weil über diese Plattform kurzfristige Ziele wie Erhöhung der Aufmerksamkeit und langfristige wie Steigerung des Traffics sowie Erzeugung von Käufen kombiniert werden können [20] (s. Abb. 2.2). Anders als noch in der Schweiz und teils auch in Österreich, wo die Plattform noch stark unterschätzt und kaum in Social Media Strategien eingebunden wird, wird in Deutschland das große Potenzial von Pinterest bereits genutzt und derzeit auch stark im öffentlichen Raum beworben [12, 13].

▶ Über Pinterest können Blogger und Influencer verhältnismäßig einfach und wirkungsvoll Reichweite für den eigenen Content sowie Traffic für den eigenen Blog oder die eigene Plattform generieren. Denn anders als bei anderen Plattformen hat auf Pinterest jeder Pin das Potenzial viele Menschen zu erreichen. Besonders gut funktioniert die Reichweiten-Gewinnung und Traffic Steigerung in den Bereichen Food, DIY, Interieur und Mode sowie Reisen und Erziehungs- und Lebenstipps. Dieser Effekt wirkt sich einerseits positiv auf die allgemeinen Kennzahlen von Blogger und Influencer aus, andererseits können dadurch auch Auftraggeber direkt davon profitieren.

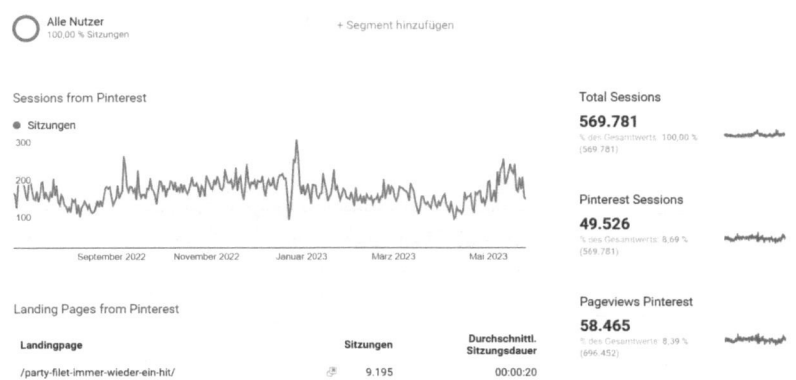

Abb. 2.2 10 % des Traffics auf dem Blog stammt von Pinterest. Beliebteste Landing-Page: ein Rezept

„Jedes Netzwerk hat seine Vorteile. Doch gerade auf Pinterest gibt es einige für Blogger und Influencer, die der (Bilder-)Suchmaschine ein Alleinstellungsmerkmal verleihen. So sind andere Kanäle bekannt für toxische Stimmungen und Challenges, die teilweise sogar schaden. Nicht so auf Pinterest. Denn die Plattform möchte ein positiver Ort sein und bleiben. So hat Pinterest schon länger einen eigenen Creator Codex und arbeitet darüber hinaus aktiv gegen Body Shaming, verzerrte Körperwahrnehmung und Essstörungen. Im Vergleich zu Plattformen, wo man fast ausschließlich neuen Content sieht, können Pins sogar noch Monate und Jahre später Ergebnisse bringen, weil Pinterest in erster Linie eine Suchmaschine ist. Der Druck, täglich in Reels überzeugen zu müssen, fällt weg. Pinterest weiß um die Wichtigkeit der Content Creator und fördert darum auch die Erstellung von hochwertigem Content. Neben den Markenpartnerschaften und Shopable-Pins, die jeder User selbst steuern kann, hat Pinterest noch eigene Challenges für Content Creator und stellt jeden Monat auch themenspezifische Inhalte von Usern in den Empfehlungen redaktionell in den Vordergrund.

Auf Pinterest suchen Menschen nach Ideen und Inspirationen. Es ist keine Plattform für Selbstdarstellung, sondern für Inhalte, die das eigene Leben verbessern. Hilfreicher Content mit hohem Mehrwert für die User steht da an oberster Stelle. Und gerade das ist eine enorm erfolgversprechende Möglichkeit für Blogger und Influencer."

Mag. Barbara Riedl-Wiesinger, Pinterest- & Online-Marketing-Expertin bei www.kaleidocom.at

2.5 LinkedIn eröffnet neue Zielgruppen

Ähnlich wie Pinterest führt auch LinkedIn im Rahmen von Blogger und Influencer Marketing noch ein Schattendasein. Dabei nutzen mehr als 19 Mio. Menschen in der DACH-Region diese Plattform. Fast die Hälfte der Nutzer ist in einer Management-Position. Da die Plattform auf Business und hochwertige Inhalte fokussiert, bietet sie Bloggern und Influencern als Personal Publishing Plattform einerseits die Möglichkeit, sich als Experten in einem Gebiet zu positionieren und dadurch von Entscheidungsträgern – sprich potenzielle Kooperationspartner – gefunden zu werden. Andererseits kann die Plattform als zusätzlicher Kanal für ein vielschichtiges Storytelling und zur Verlängerung von Inhalten genutzt werden sowie den Traffic auf dem eigenen Blog oder anderen Kanälen zu erhöhen. Dabei gilt auch auf LinkedIn: Der Content muss relevant sein und einen Mehrwert an Informationen oder Erfahrungen bieten.

LinkedIn [7] stellt für Blogger und Influencer eine interessante Plattform mit viel Potenzial dar. Sie ist besonders geeignet für:

- das eigene Personal Branding, die Ausstrahlung von Seriosität
- die Positionierung als Experte
- die Akquisition potenzieller Auftraggeber über Zugang zu Entscheidungsträgern
- den Community-Aufbau und für die Reichweiten-Steigerung
- die Diversifizierung der Zielgruppe
- die Minimierung der Abhängigkeit anderer Plattformen
- die Traffic-Steigerung für den eigenen Blog, die eigene Plattform
- die allgemeine Weiterbildung und den Know-how-Austausch
- Networking allgemein

Wichtig sind ein entsprechend aussagekräftiges LinkedIn Profil mit dem Ausweis der eigenen Kompetenzen sowie relevante, fachlich fundierte Beiträge zum Beispiel mit Learnings aus bisherigen erfolgreichen Kooperationen, behind the scenes Einblicke in die eigene Tätigkeit, oder Erwähnen von Vorträgen oder Dozenteneinsätzen.

Verglichen mit anderen Social Media Kanälen ermöglicht LinkedIn eine hohe Reichweite im Verhältnis zur Community-Größe und dies bei einer Zielgruppe, die sich weniger auf Plattformen wie Instagram oder Facebook bewegen. Zudem wirkt LinkedIn auch als SEO-Booster, denn Google behandelt LinkedIn-Artikel mit Vorzug.

Auch wird Werbung über diesen Kanal als besonders glaubwürdig angesehen. Der Tausenderkontaktpreis dieser Plattform ist mit rund 30 € entsprechend hoch. LinkedIn bewegt sich vom rein beruflichen Netzwerk immer mehr Richtung Social Media Plattform, auf welcher die Nutzer vermehrt auch persönliche Inhalte teilen und emotionale Themen ansprechen. Lange, persönliche Beiträge auf LinkedIn ähneln Blogbeiträgen. Vor allem im B2B-Bereich und Recruiting wird LinkedIn stärker in den Fokus rücken.

▶ Da sich LinkedIn weiterhin positiv entwickelt und über ein großes Potenzial verfügt, lohnt es sich für Blogger und Influencer, diesen Kanal zu bespielen, um am eigenen Personal Branding zu arbeiten. Unternehmen können ebenfalls von LinkedIn profitieren, indem sie diese Plattform in den Marketing-Mix integrieren und zusammen mit ihren Kooperationspartner von den Stärken und Potenzialen profitieren.

„LinkedIn als grösstes Business Netzwerk der Welt ist die ideale Plattform für den Aufbau einer professionellen Personenmarke und bietet für alle Berufsfelder gute Möglichkeiten neue Anspruchsgruppen zu erreichen. LinkedIn ‚tickt' aber anders als die meisten Social Media Plattformen. So lohnt es sich, gezielt Inhalte mit Mehrwert für LinkedIn zu produzieren bzw. bestehende Inhalte zu adaptieren. Personen, welche die Plattform nicht nur als eine Bühne zur Selbstdarstellung sehen, sondern diese aktiv nutzen, um Wissen und die eigenen Gedanken mit der Community zu teilen, sind auf dem besten Weg, nachhaltig Erfolg zu haben."
Antonella Di Iorio, Marketing & LinkedIn Coach www.marketingcoa.ch

2.6 Multiplattform-Marketing ermöglicht ganzheitliches Vorgehen

Heutzutage sind Menschen gemäß Umfragen im Durchschnitt auf mindestens fünf verschiedenen Social Media Plattformen unterwegs. Das bedeutet für Blogger und Influencer, dass sie die Chance haben, ihre Community auf verschiedenen Kanälen auf- und auszubauen und ihr Storytelling über verschiedene Plattformen aufzuziehen. Davon profitieren auch die Unternehmen, welche die Möglichkeit haben, die Zielgruppe gleich mehrmals und über einen längeren Zeitraum ansprechen zu können (s. Abb. 1.3). So ergänzen sich zum Beispiel Instagram, das ein eher auf Kurzfristigkeit ausgelegter Kanal ist, und Pinterest (s. Abschn. 2.4), eine Plattform, die eine eher langfristige Wirkung aufweist, sehr gut und erfüllen gleich zwei Zwecke – Bewusstsein für die Marke schaffen sowie als Vormerkung für einen Kaufentscheid wirken.

Multiplattform-Marketing hilft zudem nicht nur, den Content zu verlängern und verschiedene Ziele zu erreichen, sondern schafft auch Unabhängigkeit von einzelnen Plattformen. Aus diesen Gründen betreibt die Mehrheit der Blogger und Influencer diverse Plattformen und nutzt diese nicht zuletzt für Cross-Promotion. So ist es zum Beispiel möglich und sehr wirksam, Blogbeiträge über Facebook oder Pinterest zu verlängern und mehr Zugriffe zurück auf den Blog zu generieren. Oder via Podcast (s. Abschn. 2.3) auf Blog oder Social Media Kanäle hinzuweisen. Oder über LinkedIn (s. Abschn. 2.5) ein neues Zielpublikum zu erreichen, das wiederum auf Blog und Social Media Kanäle aufmerksam wird.

Generell werden Blogger und Influencer immer öfter in der gesamten Marketingkommunikation einbezogen und nicht nur im Bereich Social Media eingesetzt. Ihre Inhalte und ihr Know-how fließen auch in andere Marketingbereiche wie zum Beispiel Print- und Fernsehwerbung ein. Auch ihre Präsenz oder Mitwirkung als Experten oder Organisatoren, ihre Qualitäten im Journalismus sowie ihr breites Netzwerk und ihre großen Communities werden immer öfter auch bei der Umsetzung von offline Maßnahmen wie Events, Podiumsdiskussionen sowie Informations- oder Schulungsveranstaltungen gezielt genutzt (s. Abb. 2.3 und 2.4).

▶ Es lohnt sich für Blogger und Influencer, mehrere Plattformen zu betreiben und diese sinnvoll und geschickt zu vernetzen sowie deren Synergien zu nutzen, um von mehr Sichtbarkeit, Reichweite, Zugang zu neuen Zielgruppen und Unabhängigkeit zu profitieren. Multiplattform-Marketing ermöglicht es Auftraggebern, bei Kooperationen einen ganzheitlichen Ansatz zu verfolgen, um mit der Zielgruppe über möglichst viele Touchpoints in Berührung zu kommen.

2.7 Vielfalt, Repräsentation und Inklusion schaffen neue Inhalte und eröffnen neue Zielgruppen

Vielfalt ist das neue große Gesellschaftsthema. Immer mehr Blogger und Influencerinnen lassen Vielfalt, Repräsentation und Inklusion in ihr Storytelling einfließen (s. Abschn. 2.1) und diskutieren Themen wie ethnische Herkunft, sexuelle Orientierung, Alter, Geschlechtsidentitäten, körperliche Beeinträchtigungen und vieles mehr via Blogs und Social Media und sorgen damit für immer vielfältigeren Content.

Doch Diversität ist im Blogger und Influencer Marketing im DACH-Raum noch nicht richtig angekommen und wird bei Kooperationen noch wenig zum Ausdruck gebracht. Entsprechend gibt es Zielgruppen, die bisher zu wenig oder

Abb. 2.3 Multiplattform-Marketing: Bloggerin Rita Angelone ist Podiumsgast zum Thema Berufslehre

Abb. 2.4 Die Plattform Any Working Mom organisierte in Zusammenarbeit mit der SBB einen Roundtable zum Thema Vereinbarkeit

gar nicht angesprochen wurden, die aber über Diversity-Themen gezielt abgeholt werden können.

Dabei zählt Blogger und Influencer Marketing zu einer der progressivsten Branchen und verfügt nicht nur über die besten Voraussetzungen und Mittel, um diese Themen zu verbreiten, sondern auch über die Verantwortung, dies gezielt und beherzt zu tun. Die Begriffe Vielfalt, Repräsentation und Inklusion umfassen mehr Aspekte, als die meisten Menschen mit ihnen verbinden. Um das Bewusstsein dafür zu schaffen und zu schärfen, ist die Präsenz dieser Themen auf Blogs und in den sozialen Medien sowie ein offener und engagierter Diskurs sehr wichtig.

▶ Berücksichtigen Unternehmen bei der Wahl passender Blogger und Influencer Diversity-Faktoren, können sie neue Zielgruppen ansprechen und sich auf diesem Weg auch glaubhaft und sinnvoll für Minderheiten und für mehr Diversität einsetzen. Damit werden sie nicht nur den Anforderungen eigener Diversity Reports gerecht, sondern vor allem auch den Erwartungen der Gesellschaft, insbesondere jüngerer Zielgruppen (s. Abschn. 2.11).

„Wenn Marken auf Diversität setzen und dafür mit den passenden Stimmen aus den jeweils angesprochenen Communities arbeiten, entsteht so mehr Glaubwürdigkeit, wenn es gut umgesetzt wird auch ein tatsächlicher Mehrwert und ganz besonders werden neue Zielgruppen erreicht. Zudem ist doch die Frage – ist Diversität für uns bloß etwas, von dem wir behaupten, wir würden es fördern oder zahlen wir Creator*innen, die tatsächlich Vielfalt repräsentieren auch Kooperationen und arbeiten mit ihnen auch längerfristig zusammen?
Um für die Zielgruppe, die durchaus kritisch ist und sensibel ist, authentisch wahrgenommen zu werden, zählt es nämlich auch außerhalb des Pridemonats, dem Black History Month oder anderen besonderen Events, die marginalisierte Gruppen zelebrieren, als Marke Diversität sichtbar zu machen. Dies kann selbst einen positiven Einfluss auf interne Strukturen haben kann, insbesondere auf die Markenreputation für Neubewerber*innen.
Darum betone ich – Vielfalt ist kein Trend, sie war und wird immer da sein. Wenn Marken das nicht erkennen, ignorieren sie potenzielle Kund*innen."
Josia Jourdan, Schweizer Kultur-Journalist, LGBTQ+ & Booktok-Experte sowie seit 2015 Buchblogger, www.josiajourdan.ch

2.8 Qualität vor Quantität, Langfristigkeit vor Kurzfristigkeit

Im Blogger und Influencer Marketing ist endlich zu beobachten, dass Qualitätserwägungen immer wichtiger werden als reine Quantitätsbetrachtungen und dass die Zielerreichung innerhalb eines langfristigen Zeithorizonts beurteilt werden sollte und nicht kurzfristig. Deshalb setzen Unternehmen immer öfter auf einen festen Blogger und Influencer Stamm und wenden für Kooperationen einen längerfristigen, beziehungsorientierten Ansatz (s. Abschn. 1.6) an. Dabei betrachten sie nicht nur die kurzfristige Aufmerksamkeit, die sie über die reine Reichweite ihrer Kooperationspartner erreichen können, sondern setzen diese ins

2.8 Qualität vor Quantität, Langfristigkeit vor Kurzfristigkeit

Verhältnis mit der langfristigen Performance (s. Abb. 2.5): Wie konnte die Zielgruppe involviert werden? Wie sieht die Engagement-Rate aus? Wie viele Handlungen konnten schlussendlich erzielt werden? Wie sieht die Conversion-Rate aus?

▶ Es wird immer wichtiger, im Blogger und Influencer Marketing nicht nur die gesetzten quantitativen Ziele zu erreichen, sondern sich dabei auch für Sinnhaftigkeit, Vielfalt und soziales Wohl einzusetzen. Die heutige Gesellschaft erwartet gerade von Blogger und Influencern und von Unternehmen und Agenturen, die mit ihnen zusammenarbeiten, mehr als nur die Verbreitung von plakativen, banalen und kurzfristig ausgerichteten Werbebotschaften und das offensichtliche Bewirken von (Kauf-)Handlungen. Die heutige Gesellschaft erwartet, dass die Hebelwirkung, die Blogger und Influencer auslösen können, auch in Form von sozialem Engagement genutzt wird (s. Abschn. 2.11).

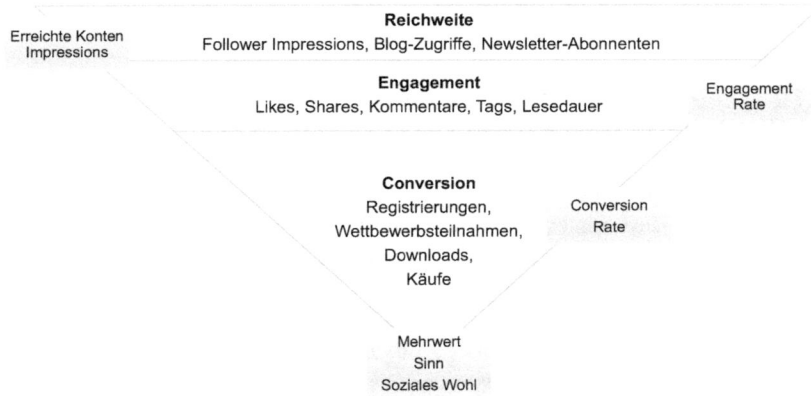

Abb. 2.5 Der Fokus rückt auf qualitative und langfristige Zielerreichung

2.9 Nano- und Micro-Influencer erzielen höhere Reichweiten und Engagement

Anstatt nur auf quantitative Aspekte wie Leser- oder Followerzahlen zu setzen, wählen immer mehr Unternehmen für Kooperationen einen längerfristigen, qualitätsorientierten Ansatz (s. Abschn. 2.8) und entscheiden sich bewusst für Nano- oder Micro-Influencer, die relevante Nischen ansprechen und durch ihre fast schon persönliche Beziehung zur Community organisch höhere Reichweiten und Engagement-Raten erzielen (s. Abb. 2.6).

Nano- und Micro Influencer haben eine stärkere Bindung zu ihrer Zielgruppe und weisen im DACH-Raum mit 5,3 % eine höhere Engagementrate als andere Influencergruppen auf. Spannend zu wissen, ist, dass diese in der DACH-Region deutlich höher ist als weltweit betrachtet. Dies deutet darauf hin, dass sich Zielgruppen in der DACH-Region mehr für die persönlichen und authentischen Inhalte kleinerer Blogger und Influencer interessieren als der Durchschnitt der weltweiten Followerinnen und Follower .

▶ Für Unternehmen und Agenturen lohnt es sich abzuwägen, ob es nicht sinnvoller ist, das Blogger und Influencer Marketing Budget besser auf mehrere, kostengünstigere Nano- und Micro-Influencer aufzuteilen, anstatt dieses gesamthaft nur einem oder zwei großen Kooperationspartner zuzuweisen.

2.10 Die Community ist genauso wichtig wie der Blogger oder Influencer

Im Zusammenhang mit der verstärkten qualitativen Betrachtungsweise steht auch die Erkenntnis, dass für ein wirkungsvolles Blogger und Influencer Marketing nicht nur der Blogger oder Influencer selbst, sondern genauso auch seine Community von Bedeutung ist. Dies allerdings nicht zahlenmäßig betrachtet, denn Reichweite bedeutet an sich noch keine Bindung, sondern in Bezug auf ihre Zusammensetzung, Bedürfnisse, Erwartungen und Verhaltensweise. Wie sehen die demographischen Aspekte der Community aus? Wofür interessiert sie sich? Welche Bedürfnisse hat sie? Welche Einstellung hat sie? Welche Inhalte mit welchem Mehrwert erwartet sie? Wie möchte sie angesprochen werden? Wie interagiert sie? Wie lässt sie sich zu einer Handlung inspirieren, motivieren, bewegen?

2.10 Die Community ist genauso wichtig wie der Blogger oder Influencer

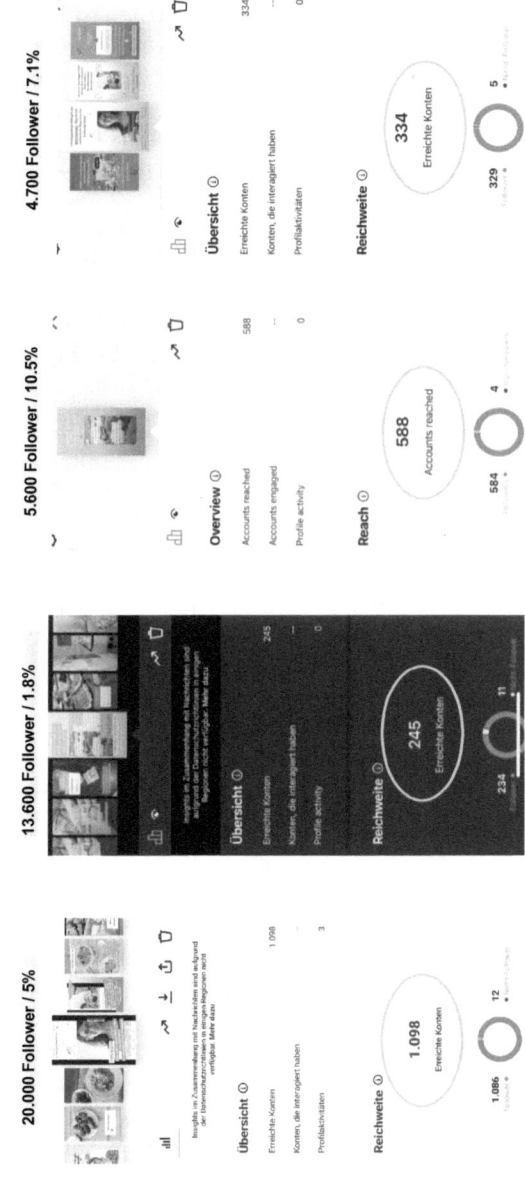

Abb. 2.6 Die Kleinen gewinnen: Organischen Reichweite bei einer Kooperation mit vier verschiedene Influencern

▶ Genauso entscheidend wie die Frage nach dem zum Unternehmen passenden Blogger oder Influencer (s. Abschn. 5.5) ist für ein Unternehmen die Frage, welche Zielgruppe (s. Abschn. 5.4) es ansprechen will und über welchen Blogger oder Influencer dies möglich ist.

2.11 Communities werden anspruchsvoller

Alle Akteure des Blogger und Influencer Marketings haben sich in den letzten Jahren weiterentwickelt – auch die Communities. Diese bestehen aus Menschen beziehungsweise Konsumenten, die eine kritische Haltung einnehmen, ein Verständnis für das Blogger und Influencer Marketing und dessen Funktionsweise entwickelt haben und sich nicht für dumm verkaufen lassen. Insbesondere junge Menschen akzeptieren keine plumpe Werbung mehr. Zudem erwartet die Community von Bloggern und Influencern die Übernahme von sozialer Verantwortung.

▶ Für Unternehmen sowie für Blogger und Influencer bedeutet dies, dass sie sich noch vertiefter mit der Community auseinandersetzen müssen, um ihre Anliegen, Wertvorstellungen und Gepflogenheiten zu erkennen, ernst zu nehmen und sie entsprechend ansprechen zu können. Viel wichtiger, als das Wachstum der Community voranzutreiben, ist die Bindung zu stärken, Vertrauen zu schaffen und das Engagement zu fördern.

„Communities wünschen sich transparente und ehrliche Kommunikation. Die Menschen werden immer sensibler, wenn es um Vertrauen geht. Brands können die Leute nicht mehr so schnell mit Werbung täuschen – vor allem nicht die jüngeren Generationen."
Anja Lapčević, Ex Co-CEO www.kingfluencers.com

2.12 Begehrte Zielgruppe Familie, gefragte Familienblogger und Momfluencer

Die Familie ist eine immer wichtigere Zielgruppe für jede Art von Unternehmung und Branche, denn über die Zielgruppe Familie erreicht man nicht nur Mütter, die oft maßgebend verantwortlich für Kaufentscheide auch außerhalb spezifischer Familienfragen sind, sondern auch deren Kinder und Jugendliche, die für viele

2.12 Begehrte Zielgruppe Familie, gefragte Familienblogger ...

Unternehmen und Branchen die „Nachwuchsförderung" in Sachen Kunden der Zukunft sichern (s. Kap. 8). Der Einbezug der echten Meinungen von Familien und Kindern nimmt im Kinder- und Familienmarketing eine zentrale Rolle ein. Deshalb sind Mütter nicht nur im DACH-Raum gefragte Bloggerinnen und Influencerinnen und erfreuen sich eines großen Erfolgs. Papablogger und Dadfluencers sind im DACH-Raum hingegen noch untervertreten.

Familien suchen nach Orientierung, Unterstützung und vor allem Entlastung im Alltag. Produkte und Dienstleistungen, die diesen Bedürfnissen gerecht werden, stoßen innerhalb der Zielgruppe Familie auf großes Interesse. Anders als bei anderen Zielgruppen muss die Ansprache der Zielgruppe Familie nicht zwingend überdurchschnittlich kreativ erfolgen, sondern pragmatisch und Nutzwert orientiert. Um die Zielgruppe Familie über Mütter zu erreichen, eignen sich die sozialen Medien am besten, da Mütter einen wesentlichen Teil ihrer Zeit am Smartphone sind. Einerseits planen und organisieren sie darüber ihren Arbeits- und Familienalltag, andererseits gönnen sie sich über die sozialen Medien auch Unterhaltung und pflegen soziale Kontakte – am liebsten über Instagram und Facebook. Immer öfter holen sich Mütter aus dem DACH-Raum auch Inspiration und Unterstützung aus Pinterest (s. Abschn. 2.4) – ganz nach dem Vorbild der USA.

Ganz speziell für die Zielgruppe Familie und für Mütter als deren Vertreterinnen: Sie tauschen sich über die sozialen Medien mit Gleichgesinnten aus, suchen nach Rat, Lifehacks, Ideen und Tipps zu allen Lebenslagen und setzen auf ehrliche und authentische Erfahrungsberichte andere Mütter. Deshalb erfreuen sich Momblogger und Momfluencers nicht nur im DACH-Raum eines großen Erfolgs, sondern auch weltweit.

Es gibt zwei Arten von Momblogger oder Momfluencer: Einerseits gibt es Mütter, die ihre Blogs und Social Media Kanäle von Anfang an mit Familieninhalten aufgebaut haben, andererseits entwickeln sich neue, bereits erfolgreiche Blogger und Influencer aus den Bereichen Travel oder Lifestyle in Richtung Kind und Familie, sobald sie selbst Nachwuchs bekommen. Damit können sie nebst dem bestehenden auch ein neues Zielpublikum ansprechen und zusätzliche Reichweite gewinnen [5].

▶ **Wichtig**
Frauen und Mütter zählen zu einer kaufkräftigen Zielgruppe, die ein großes Marketingpotenzial mit sich bringt. Über Familienblogger und Momfluencer können Unternehmen diese wichtige Zielgruppe erreichen und darüber hinaus auch weitere Untergruppen wie zum

Beispiel Männer, Väter, Kinder, Teenager, Großeltern ansprechen. Unternehmen und Agenturen, welche die Relevanz dieser Zielgruppe erkannt haben und die Auseinandersetzung suchen, können enorm viel gewinnen.

Bei der Zusammenarbeit mit Familienbloggern und Momfluencern gilt es, besondere rechtliche Rahmenbedingungen (s. Abschn. 3.6, Spezialfall Recht am eigenen Bild bei Kindern) einzuhalten und ethische Aspekte (s. Abschn. 4.2) zu respektieren. Sowohl Unternehmen oder Agenturen als auch Blogger oder Influencer tragen mit Inhalten, die sich an Familien und Kindern richten eine besondere Verantwortung.

„Kinder- und Familienmarketing betrifft Schulen, Anbieter von Konsumgütern, Berufsverbände, Kinder- und Konsumentenschützer, Tourismusdestinationen, Mobilitätsanbieter, Eltern und Großeltern, Medienschaffende, Arbeitgeber, Ärzte, Therapeuten, Freizeitvereine und unzählige weitere Institutionen.
www.rubioconsulting.ch

2.13 Mehr Agenturen, Netzwerke, Marktplätze

Einerseits gibt es immer mehr Blogger und Influencer Agenturen, andererseits entstehen auch immer mehr Blogger und Influencer Vereinigungen und Netzwerke sowie Marktplätze, wo die Akteure des Blogger und Influencer Marketing aufeinandertreffen. So bieten Social Media Plattformen wie TikTok oder Instagram sogenannte Creator Market Places an. Über diese Marktplätze sollen Kooperationen zwischen Unternehmen und Influencer erleichtert werden, indem Auftraggeber darüber passende Kooperationspartner suchen und buchen sowie die gesamte Kampagne darüber abwickeln und entsprechende Daten und Statistiken erhalten. können. Während der Instagram Creator Marketplace erst in den USA getestet wird, bietet TikTok seinen Dienst bereits auch in Deutschland an.

Parallel dazu schließen sich auch Blogger und Influencer zusammen und bündeln ihre Ressourcen. Als Vereinigungen oder Netzwerke fungieren sie gegenüber Auftraggebern auch als Vermittler für passende Kooperationspartner und bieten als großen Mehrwert ihre Leistungen auch als Kollektiv an.

In den USA schließen sich Blogger und Influencer zu Clans zusammen und leben in sogenannten Collab Houses. Sie bieten ihren Content als kollektive

Produktionsgruppen an, gehen exklusive Verträge mit großen Agenturen ein und versuchen, sich durch ihren Zusammenschluss den undurchsichtigen Algorithmen der verschiedenen Social Media Plattformen entgegenzustellen.

▶ Reachbird und Storyclash haben eine Marketing Map mit wichtigen Dienstleistern in den Kategorien Agentur, Management und Software im DACH-Raum in einer Info-Grafik zusammengefasst: https://bit.ly/3X05viN

▶ Die Akteuren-Landschaft im Bereich Anbieter wird immer größer und unübersichtlicher. Für Unternehmen, die Blogger und Influencer Marketing umsetzen wollen, wird es schwieriger, die Übersicht zu wahren und die richtigen Ansprechpartner für ihre Kampagnen zu finden.

„Mehr Blogger und Influencer werden sich zusammenschließen, um die Dienste bei Brands zu bewerben. Wir werden auch eine Konsolidierung bei Agenturen und Technologie sehen, die notwendig ist, weil eine gewisse Größe erforderlich ist, um rentabel zu sein. Ein größerer Marktanteil wird es den erfolgreichen Plattformen ermöglichen, Größenvorteile zu erzielen und noch bessere Lösungen zu niedrigen Preisen anzubieten."
Yoeri Callebaut, Co-CEO www.kingfluencers.com

2.14 Creator Economy schafft neue Plattformen, Formate, und Einkommensmodelle

Blogger und Influencer funktionieren im Prinzip ähnlich wie Medienunternehmen. Sie erstellen Inhalte, distribuieren diese über ihre Kanäle und erreichen damit ein großes Publikum. Sie monetarisieren ihren Content, indem sie zum Beispiel bezahlte Kooperationen eingehen oder über Social Media Plattformen wie Instagram, YouTube oder TikTok Einnahmen generieren. Meist sind sie als Einzelunternehmer unterwegs oder aber mit einem kleinen Team, der sie zum Beispiel bei der Bild- oder Videoproduktion unterstützt. Dadurch können sie schneller und effizienter agieren als traditionelle Medienunternehmen und haben eine deutlich engere Beziehung zu ihrem Publikum.

Nun weiten immer mehr Blogger und Influencer ihr Tätigkeitsgebiet aus, entwickeln eigene Produkte oder Geschäftsmodelle, gründen ihre eigene Unternehmung, erschließen immer mehr Monetarisierungsmöglichkeiten und können gut von ihrer Arbeit leben (s. Tab. 2.1). Damit stellen sie eine neue Form von Unternehmertum dar – die Creator Economy. Dazu zählen nicht nur Blogger und Influencer sowie die Social Media Kanäle, die sie betreiben, sondern auch Unternehmen, Tools und Dienste, die ihnen die Möglichkeit zur Produktion, Distribution und Monetarisierung ihrer Inhalte überhaupt ermöglichen.

Durch die Professionalisierung von Bloggern und Influencern wird sich die Creator Economy [18] laufend weiterentwickeln. Davon werden Plattformen, Tools und Dienste profitieren, die einschlägige Monetarisierungsmöglichkeiten anbieten und das Wachstum ermöglichen.

▶ **Wichtig**
Für Unternehmen und Agenturen bedeutet dies, dass es auf der einen Seite immer mehr Creator gibt, die für Kooperationen in Frage kommen, auf der anderen Seite wird die Evaluation passender Partner immer aufwändiger.

Gleichzeitig führt die blühende Creator Economy dazu, dass immer mehr Creator ihr eigenes Business betreiben und immer weniger auf klassische Kooperationen mit Unternehmungen angewiesen sind, was längerfristig zu einer Verknappung der Auswahl passender Blogger und Influencer für Kooperationen bei tendenziell höheren Preisen führen kann.

Creator Economy am Beispiel von Büchern
Immer mehr Blogger und Influencer veröffentlichen eigene Bücher. Insbesondere im Bereich Food, Do it yourself und Reisen haben sich Bücher als zusätzliche Monetarisierungsmöglichkeit etabliert (s. Abb. 2.7). Das kommt nicht von ungefähr, denn: als Buchautor unterwegs zu sein, weist für Blogger und Influencer nebst einer weiteren Einnahmequelle zusätzliche positive Aspekte auf:

- Wollen Blogger und Influencer in einem Fachgebiet eine Rolle spielen, können sie mit einem eigenen Buch ihren Expertstatus stärken und damit allgemein mehr Sichtbarkeit erreichen. Ein Buch ist ein wirksames Mittel, um ein Thema zu besetzen und damit als Experte auf dem Gebiet bekannt beziehungsweise als Spezialist anerkannt zu werden.

Tab. 2.1 Monetarisierungsmöglichkeiten für Blogger und Influencer sowie Tools und Dienste

Monetarisierungsmöglichkeiten	Beispiele für Tools und Dienste
Klassische, bezahlte Kooperationen	
Werbemöglichkeiten (Banner, Affiliate, Display-Ads)	Google Ads, Facebook/Instagram Ads
Gastbeiträge für Print- oder Onlinemedien	
Mitgliedschaften für Leser, Follower oder Hörer	Steady, Patreon
Kostenpflichtige Newsletter	Substack, Patreon
Paid only Podcast	Supporting Cast, Supercast
Kostenpflichtige Onlinekurse	Teachable, Thinkific, Udemy
Kostenpflichtige, exklusive digitale Inhalte auf Drittplattformen	Onlyfans, Patreon
Verkäufe über eigenen Web-Shop	Shopify, Squarespace, Wix
Coaching, Beratung	
Vorträge, Moderationen, Talks, Events	
Dozententätigkeit, Schulungen	
Bücher, e-Books	(s. Abschn. 2.14 „Creator Economy am Beispiel von Büchern")
Entwicklung und Verkauf eigener Produkte	
Produktion von Filmen	
Kopiervergütungen und andere Urheberrechte	Deutschland: VG Wort Österreich: Literar mechana Schweiz: Pro Litteris
Spenden	Give, Charitable, PayPal Donation, Pay me a coffee

- Die öffentliche Anerkennung stärkt die Bekanntheit und die Reputation und kann wiederum neue Geschäftsmöglichkeiten eröffnen, zum Beispiel durch das Angebot von Merchandising-Gütern, Schulungen oder weiteren ergänzenden Produkten rund um das Buch und der eigenen Plattform.
- Die Plattformen der Online-Buchhändler haben sich zu Suchmaschinen entwickelt, in denen Buchautoren einen größeren Fußabdruck im Netz hinterlassen. Was wiederum einen positiven Einfluss auf die Sichtbarkeit hat.

milie etwas für den Klimaschutz zu tun. Täglich. Im Kleinen. Und ohne grosses Aufheben.

Ob er vielleicht gerade deshalb nicht realisiert habe, was wir seit Jahren tun? Dass es uns Eltern das grösste Anliegen sei, ihm eine möglichst sichere und gesunde Welt zu übergeben, ohne noch schlimmere Altlasten? Dass wir die Aktionen, die Greta und die demonstrierenden Schüler in Zürich und der ganzen Welt lanciert haben, als enorm wichtig erachten? Und dass wir als Familie daran ansetzen und mit einer gemeinsamen Verhaltensänderung eine nachhaltige Bewegung in Gang setzen können?

HIER EINE DIY-IDEE FÜR EIN UMWELT FREUNDLICHES BIENEN-WACHSTUCH:

«Siehst du, deshalb fahren wir nächste Woche erstmals mit dem Zug nach Braunwald in die Skiferien», sagte ich abschliessend zum Grossen. «Was? Ohne Auto?», fragte er total überrascht. «Müssen wir uns dann mit der Skiausrüstung und dem ganzen Gepäck zum Bahnhof schleppen?»

Ja, junger Mann. Wer die Welt retten will, nimmt nicht nur an Demonstrationen teil, sondern ist bereit, im Alltag die Komfortzone zu verlassen. Wir Eltern gehen dir – einmal mehr – sehr gerne mit gutem Beispiel voran.

Vermutlich hat es das ganze Quartier mitbekommen, als wir uns am Abreisetag mit den Ski auf dem Buckel unter lautem Gemaule der Jungs zur Tramhaltestelle geschleppt haben. Ziemlich verständlich allerdings, denn das Verlassen der Komfortzone hat auch uns Eltern Überwindung gekostet. Das Beibehalten von Gewohnheiten – sprich: einfach ins Auto zu sitzen – wäre so verlockend gewesen …

Doch unser Sondereffort hat sich gelohnt: Kaum sassen wir im Zug, waren alle Unannehmlichkeiten vergessen. Ausserdem waren wir noch nie so schnell von unserer Haustür direkt auf der Skipiste – und dies im Wissen, dass am Abend sowohl unser ganzes Gepäck als auch der vorbestellte Wocheneinkauf bereits vor unserer Ferienwohnung auf uns warten würde. Dank der cleveren und bequemen Organisation von Reise, Gepäcktransport und Lebensmitteleinkauf vor Ort haben wir sowohl den Anreise- als auch den Abreisetag voll und ganz auf der Skipiste verbringen und dadurch die Skiferien um ganze zwei Tage verlängern können!

Das hat unsere Jungs endgültig von der Richtigkeit unseres vermeintlich ungemütlichen Entscheids überzeugt und auch dazu motiviert, sich nun mit uns zusammen Gedanken zu machen, wie wir unsere Sommerferien in England möglichst umweltgerecht angehen können. Ganz ohne Flugzeug versteht sich. Seien Sie also gespannt auf unser nächstes, anfänglich vielleicht wieder explosives, aber letztendlich sicher zusammenschweis-

Abb. 2.7 Bücher sind eine beliebte und sinnvolle Monetarisierungsmöglichkeit innerhalb der Creator Economy

- Im Sinne von Multiplattform Marketing können Blogger und Influencer mit einem gedruckten Buch den eigenen Leserkreis erweitern, nämlich um jene Zielgruppen, die lieber aus einem Buch statt online lesen.
- Ein Buch ist für die Ewigkeit. Egal, was mit dem Blog oder mit dem Internet passieren mag – das geschriebene Buch verschwindet nicht einfach so.
- Bücher, die sinnvoll mit QR-Codes ergänzt werden, die zum eigenen Blog oder zu den eigenen Social Media Kanälen führen, erhöhen die Zugriffe auf den eigenen Plattformen.

2.15 Neue Blogger und Influencer Kategorien

Aufgrund des stetigen gesellschaftlichen Wandels entstehen laufend neue Kategorien von Bloggern und Influencern, die sich auf spezielle Themen fokussieren und entsprechende Nischen besetzen sowie das dazugehörige Zielpublikum ansprechen. Neue Blogger und Influencer Kategorien ermöglichen es Unternehmen und Agenturen, immer wieder neue und klar definierte Zielgruppen anzusprechen und zusätzliche spannende Nischen zu besetzen, die im Trend sind. So sind zum Beispiel folgende Blogger und Influencer Kategorien entstanden, die derzeit angesagt sind und für das Blogger und Influencer Marketing eine wichtige Rolle spielen:

2.15.1 Petfluencer

Zahlreiche Haustiere wie Hunde, Katzen aber auch Pferde oder exotische Tiere verfügen über eigene Plattformen wie Blogs oder Social Media Accounts. Am meisten sind Petfluencer allerdings auf Instagram und TikTok präsent, wo sie dank der Beliebtheit, die Tiere ganz allgemein in der Gesellschaft genießen, über große Communities verfügen. Das Besondere an Petfluencer ist ihr authentischer, sympathischer und witziger Auftritt, der Lacher und positive Emotionen auslöst. Aufgrund der positiven Nutzererfahrung werden sie entsprechend oft und gern als Werbepartner mit ihren Accounts in Kampagnen zu verschiedensten Themen auch außerhalb von eigentlichen Tierthemen eingesetzt. Bei der Zusammenarbeit mit Petfluencer ist es wichtig, auf das Tierwohl zu achten [24].

2.15.2 Finanzblogger und Finfluencer

Finanz-, Versicherungs- oder Steuerthemen betreffen jeden und stoßen derzeit vor allem bei Frauen und Jugendlichen (s. Kap. 8) auf großes Interesse. Entsprechend werden diese Bereiche neu auch auf Social Media thematisiert. Finanzexperten beantworten Fragen, teilen ihr Fachwissen und ihre Erfahrungen mit ihrer Community und geben Ratschläge ab. Eher trockene und komplexe Themen wie Geldanlagen, Versicherungslösungen oder Steuererklärungen können über echte Menschen anschaulich, unterhaltsam, praxisnah und vor allem zielgruppengerecht vermittelt werden. Dabei steht die Kompetenz und die Glaubwürdigkeit der Finanzblogger und Finfluencer im Zentrum [24].

2.15.3 Granfluencer

Senioren ab ungefähr 60 Jahren haben sich als Granfluencer einen festen Platz in der Social Media Welt gesichert und gehen genauso oft und erfolgreich bezahlte Kooperationen ein wie jüngere Blogger und Influencer. Mit ihrer Lebenserfahrung in Kombination mit Lebensfreude, Humor und Selbstironie sprechen sie überraschenderweise eine junge, kaufkräftige Zielgruppe an, die Authentizität und Lebenserfahrung schätzt.

Granfluencer sind der beste Beweis dafür, dass Unternehmen über Altersgrenzen hinwegsehen sollten, denn die angesprochene Zielgruppe ist wichtiger (s. Abschn. 2.10) als die Person und das Alter des Bloggers oder des Influencers [6].

2.15.4 Buchblogger und Bookfluencer

Unter den Hashtags bookstagram oder booktok stellen Buchblogger und Bookfluencer auf ihren Plattformen eigene (s. Abschn. 2.14 „Creator Economy am Beispiel von Büchern") oder fremde Bücher vor, lesen daraus vor oder gründen gar Buchclubs. Mit ihrem Content erreichen sie Lesebegeisterte, Autoren sowie Verlage. Sie lösen Emotionen aus und regen in sogenannten Booktalks zum Diskutieren an.

Einerseits spielen Bookfluencer für die Gewinnung neuer Autoren durch Verlage eine bedeutende Rolle, andererseits fördern sie den Erfolg und Verkauf neuer Bücher. Das Einbinden von Buchbloggern und Bookfluencer in den Marketing-Mix kann für Verlage sehr lohnenswert sein, da sie auf diesem Weg die richtige Zielgruppe direkt erreichen (s. Kap. 12) [8].

2.15.5 Virtuelle Influencer

Die Bedeutung von virtuellen Influencern, also computergenerierten Avataren, die Eigenschaften von menschlichen Influencern nachbilden, nimmt zu. Waren es im Jahr 2020 noch rund 50, gibt es aktuell über 180 virtuelle Influencer. In den USA haben sie bereits Millionen von Followern. Eine der ersten und berühmtesten virtuellen Influencerinnen ist Lil Miquela. Sie ist 19-jährig, gibt Einblicke in ihr Leben, ist bekannt für ihre progressive politische Haltung, hat über 3 Mio. Follower, geht bezahlte Kooperationen ein und verdient pro Post mehrere tausend Euro bzw. jährlich rund 10 Mio. EUR. Geschaffen wurde sie von einem US-Technologie-Unternehmen, das die Honorare verdient, welche die virtuelle Influencerin erzeugt.

Auch wenn sich im DACH-Raum virtuelle Influencer noch nicht wirklich etabliert haben, stellen sie eine spannende Alternative zu realen Influencern dar. Einerseits können Unternehmen mit bestehenden virtuellen Influencern zusammenarbeiten und deren Bekanntheit und Verbindung zur Community nutzen, andererseits können sie eigene Avatare schaffen, die vollständig auf die eigenen Zielsetzungen zugeschnitten sind. Dadurch lässt sich das Risiko reduzieren, dass sich ein virtueller Influencer falsch verhält und dies negative Auswirkungen auf das Unternehmen haben könnte (s. Abschn. 1.5). Doch genau diese Fremdbestimmung kann sich negativ auf die Authentizität auswirken. Zudem benötigen Virtuelle Influencer ein Impressum, das klarstellt, wer hinter ihnen steckt – ebenso, wie ihre Virtualität transparent kommuniziert werden sollte. Derzeit erfolgt dies über den Hashtag #fictional, der allerdings als nicht ausreichend in Frage gestellt wird.

Für Unternehmen und Agenturen kann die Kombination von realen und virtuellen Influencern je nach Kommunikationsziel und Kampagnen-Strategie sinnvoll sein. Virtuelle Influencer könnten zum Beispiel dort eingesetzt werden, wo die Kooperation mit echten Menschen zu aufwändig wären oder direkt mit ihren realen Kolleginnen kooperieren und daraus Synergien schöpfen. Solche Kombinationen werden künftig die Grenze zwischen physischer und computergenerierter Wirklichkeit (s. Abschn. 13.2) weiter verschwimmen lassen [15, 17].

2.15.6 Kidfluencer

Kinder, die über eine eigene Online-Plattform, einen eigenen Social Media Kanal verfügen, bezeichnet man als Kidfluencer. Anders als herkömmliche Influencer arbeiten Kidfluencer im Prinzip für ihre Eltern, welche die Online-Plattform oder den Social Media Kanal im Namen ihrer Kinder betreiben und Kooperationen mit Unternehmen eingehen.

Während Kidfluencer in den USA ein etabliertes Geschäftsmodell darstellen, stellen sie für den DACH-Raum ein noch neues Phänomen dar. Dennoch: In Deutschland gibt es schätzungsweise 30.000 Kinder-Influencer. Auf Instagram, YouTube und TikTok erzielten die deutschsprachigen Kidfluencer schon im Jahr 2019 in Deutschland, Österreich und der Schweiz einen Nettoumsatz von ca. 560 Mio. EUR.

Unklar bleibt allerdings meist, welches Zielpublikum Kidfluencer genau ansprechen – vermutlich nicht nur Gleichaltrige, sondern auch ein erwachsenes Publikum. Gehen Unternehmen Kooperationen mit Kidfluencern ein, ist es wichtig, dass die angesprochene Zielgruppe genau analysiert wird (s. Abschn. 2.10) und dass die Umsetzung der Zusammenarbeit verantwortungsvoll umgesetzt wird und dabei gesetzliche Vorgaben sowie ethische Rahmenbedingungen eingehalten werden. Kidfluencer gehören zu einer besonders schützenswerten Creator-Gruppe [1, 14].

2.15.7 Diversity Blogger und Influencer

Die Bedeutung von Diversity (s. Abschn. 2.7) wirkt sich auch auf das Blogger und Influencer Marketing aus. Entsprechend gibt es auch immer mehr Diversity Blogger und Influencer, welche die Vielfalt in Bezug auf sexuelle Orientierung, ethnische Herkunft, Geschlechtsidentität, Alter sowie geistige und körperliche Beeinträchtigungen und vieles mehr vertreten. Durch Kooperationen mit Diversity Bloggern und Influencern eröffnet sich für Unternehmen die Chance, Vielfalt zu widerspiegeln und sich damit sinnvoll für Diversität einzusetzen und damit ihrem in Diversity Reports festgehaltenen Ansprüchen in Bezug auf Vielfalt gerecht zu werden und sich dadurch in vielfältigen Zielgruppen glaubhaft zu positionieren.

2.15.8 Sinnfluencer

In allen Bereichen des Lebens wird die Sinnfrage immer wichtiger – auch im Blogger und Influencer Marketing. Nebst Authentizität, Vertrauen und Integrität steht immer mehr auch Sinnhaftigkeit im Fokus. Nicht nur aus der Perspektive von Bloggern und Influencern, die bereits Zeichen für mehr Sinn, Nachhaltigkeit oder Ehrlichkeit setzen und für ihre Community echte Vorbilder sein wollen, sondern auch aus Sicht der Unternehmen, welche die Sinnfrage in ihre Marketingstrategie einfließen lassen, sowie aus Sicht der Community, die ebenfalls verstärkt auf sinnhaften Content setzt (s. Abschn. 2.11).

Sinnfluencer setzen sich mit gesellschaftspolitischen Themen wie Nachhaltigkeit, Klimaschutz, Tierwohl, Foodwaste, mentale Gesundheit, Body Positivity, Minimalismus oder Menschenrechte auseinander und nutzen ihre Reichweite in erster Linie dazu, Botschaften zu vermitteln, soziale Verantwortung zu übernehmen und als eigentliche Change Maker (s. Abschn. 2.16) zu fungieren.

Gerade für Unternehmen, die selbst auf nachhaltige Produkte und Entwicklungen setzen und soziale Verantwortung übernehmen wollen, sind Kooperationen mit passenden Sinnfluencern sinnvoll. Diese können mit ihren Aktivitäten das Erreichen von Transformationszielen unterstützen. Dabei müssen Unternehmen darauf achten, dass allfällige Zielkonflikte zum Beispiel in Bezug auf Produktionsbedingungen oder ethische Grundsätze frühzeitig angesprochen beziehungsweise aus dem Weg geräumt werden.

2.16 Blogger und Influencer wirken als Change Maker

Blogger und Influencer sind für ihre Communities nicht nur wichtige Vermittler von Informationen, sondern im Sinne von Sinnfluencern (s. Abschn. 2.15.8) auch von Werten. Nicht nur ihre Leser und Follower erwarten von ihnen mehr als nur Werbebotschaften, sondern ihre soziale Verantwortung wird auch als ethische Richtlinie in Codes of Conduct und Kodizes (s. Abschn. 4.2) verankert.

Durch ihre Arbeit und ihr Engagement können und sollen Blogger und Influencer somit als eigentliche Change Maker agieren und im Sinne eines transformativen Blogger und Influencer Marketings nachhaltige Veränderungen in Politik, Wirtschaft und Gesellschaft bewirken.

Für das Blogger und Influencer Marketing entwickelt sich daraus zusätzliches wichtiges Potenzial außerhalb von rein wirtschaftlichen Zielen. Allerdings können dadurch auch vermehrt Zielkonflikte zwischen Auftraggeber und Auftragnehmer entstehen, wenn zum Beispiel das wirtschaftliche, ökologische oder soziale Verhalten eines Unternehmens nicht der persönlichen Wertvorstellung und Verhaltensweise eines Bloggers oder Influencers entsprechen und somit eine Kooperation nicht möglich ist.

▶ Ein offener und konstruktiver Umgang mit Change Makern bietet für Unternehmen und Agenturen die Möglichkeit, das eigene Wertesystem und das eigene Handeln zu reflektieren und sich weiterzuentwickeln und Transformatives Blogger und Influencer Marketing wirksam einzusetzen.

2.17 Blogger und Influencer wird als Beruf anerkannt werden

Noch immer kämpfen Blogger und Influencer um Anerkennung ihres Berufsstands und Wertschätzung für ihre Arbeit. Die Blogger- und Influencertätigkeit gilt zwar für viele als eigentliche Traumarbeit, allerdings gilt sie offiziell nicht als Beruf. Auch gibt es keine anerkannte berufliche Ausbildung, sondern lediglich einzelne private Kursangebote.

Auch wenn Blogger und Influencer meist aus einer Leidenschaft oder einem Hobby heraus mit ihrer Arbeit starten und diese zum Beruf machen, müssen sie sich nicht nur Erfahrungen und Fachwissen aneignen, sondern auch in der Lage sein, einen Businessplan zu erstellen, um ihr eigenes Unternehmen aufbauen zu können (s. Tab. 2.2):

Führt man sich vor Augen, was Blogger und Influencer alles können müssen, ist der Fall klar: Professionelle Blogger und Influencer sind Unternehmer. Ihr Beruf ist herausfordernd und eignet sich hauptsächlich zur Ausübung nach einer absolvierten Erstausbildung mit Praxiserfahrung.

Wie vielseitig und hochstehend ihre Fähigkeiten sein müssen, erkennt man, wenn man die dazu notwendigen Kompetenzen und breitgefächerten Tätigkeiten bei der Umsetzung von Kooperationen zusammenfasst (s. Tab. 2.3):

Im Idealfall sind Blogger und Influencer professionelle Texter, Fotografen oder Videografen. Ihre Kernkompetenzen bestehen in der Erstellung von Inhalten, die von einer bestimmten Community für relevant gehalten werden. Zusätzlich müssen sie über gute kaufmännische Grundkenntnisse verfügen und diese mit Marketingwissen kombinieren.

Tab. 2.2 Beispiel für einen Businessplan für Blogger oder Influencer

Grundsätzliche Überlegungen	Worin bin ich Experte? Welches sind meine Themen? Welches sind meine Ziele? Welches ist meine Nische, mein Zielpublikum? Wie sieht meine Konkurrenz aus? Welche Onlineplattformen will ich betreiben? Welche Social Media Kanäle will ich bespielen? Welche Tools/Arbeitsmittel benötige ich? Nach welchen Grundsätzen will ich bloggen/posten? Welches Equipment benötige ich? Welche Investitionen muss ich tätigen? Welche Monetarisierungsmöglichkeiten (s. Tab. 2.1) habe ich?
Tätigkeiten für den Start	Marke begründen, Logo erstellen allenfalls Unternehmen gründen Budget und Finanzplan erstellen Blog, Webseite erstellen Social Media Kanäle eröffnen Equipment anschaffen, Investitionen tätigen Content-Strategie definieren Content erstellen Community aufbauen Networking betreiben Media-Kit erstellen Akquisition starten

2.17 Blogger und Influencer wird als Beruf anerkannt werden

Tab. 2.3 Kompetenz- und Aufgabenbeschrieb für Blogger und Influencer

Fachkompetenz	Online Marketing Wissen und Erfahrung
	Informatikkenntnisse
	Anwenderkenntnisse digitale Tools (s. Methodenkompetenz)
	Schriftliches und mündliches Ausdrucksvermögen
	Fremdsprachenkenntnisse
	Kenntnisse und Erfahrung in Text-, Bild- und Videoproduktion
	Präsentationsfähigkeit
	Rechtliche Kenntnisse
	Datensicherheit und Datenschutz
	Ethikverständnis
	Betriebswirtschaftliche Kenntnisse
	Kenntnisse und Erfahrung in Projektmanagement
Methodenkompetenz	Organisations- und Planungsgeschick
	Tools beherrschen für Content Produktion, Planung, Crossposting:
	„Wordpress" o. ä. für Content-Erfassung
	„Tailwind" für Content-Planung auf Pinterest und Instagram,
	„Later" für Instagram, „Meta Business Suite" für Facebook & Instagram
	„Canva" für Media-Kit, Bilder, Checklisten, Pins
	diverse Apps für Bildbearbeitung und Videoproduktion, z. B. „Englight", „iMovie" u. v. m.
	„Mailchimp" o. ä. für Newsletter-Management
	für Administration:
	„Trello" o. ä. für Projektplanung
	„Bexio" o. ä. Buchführungssoftware für Offerten, Rechungen, Buchhaltung und Banking
	Datenschutzgenerator, Cookie-Banner
	für Controlling:
	GA 4
	Insights-Funktionen auf Facebook, Instagram, Pinterest
Sozialkompetenz	kontaktfreudig
	markt- und kundenorientiert
	kommunikativ
	inspirierend, motivierend
	gewinnend, überzeugend
	empathisch
	kreativ, ideenreich
	innovativ
	entscheidungsfreudig
	zielstrebig
	agil, flexibel
	selbstbewusst

(Fortsetzung)

Tab. 2.3 (Fortsetzung)

Aufgaben	akquirieren, offerieren, verhandeln, budgetieren Zusammenarbeit mit Unternehmen planen und durchführen recherchieren, Interviews führen, behind the scenes Konzeptionierung und Entwicklung von Online-Marketing-Strategien Content (Text, Bilder, Videos) produzieren technische Angelegenheiten rund um Blog beherrschen SEO verstehen und umsetzen Social Media Kanäle bedienen, Eigenheiten der verschiedenen Plattformen kennen mit Community interagieren, Fragen beantworten Kennzahlen und Daten analysieren und auswerten Reportings erstellen Qualitätsmanagement Buchhaltung führen Sozialabgaben, Steuern abrechnen sich laufend weiterbilden, à jour bleiben vorwärts denken, Trends erkennen, Innovationen umsetzen

▶ Die laufende Professionalisierung von Bloggern und Influencern stärkt den Beruf weiter. Auch Unternehmen und Agenturen, die mit Bloggern und Influencern zusammenarbeiten, können die Anerkennung des Berufsstands unterstützen, indem sie Kooperationen auf Augenhöhe eingehen und diese marktgerecht honorieren.

In der Gesellschaft braucht es allerdings weitere Aufklärungsarbeit rund um diesen Beruf. Immerhin gibt es bereits Berufsbildungsportale, die den Beruf als Option in ihrem Katalog aufgenommen haben (s. Abb. 2.8).

2.18 Blogger und Influencer Netzwerke stärken die Reputation der Branche

Schon früh haben sich Blogger in einschlägige Verzeichnisse eingetragen, um ihre Auffindbarkeit im Netz zu erhöhen und Ihre Sichtbarkeit und ihren Traffic über Backlinks zu erhöhen. Leider wurden und werden viele Blogverzeichnisse nicht laufend aktualisiert, einige haben gar den Betrieb aufgegeben.

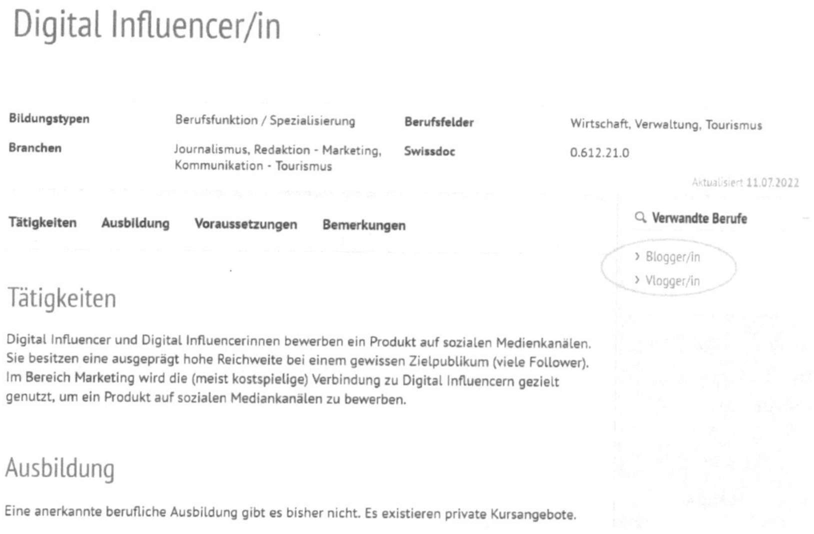

2.18 Blogger und Influencer Netzwerke stärken die Reputation der Branche

Digital Influencer/in

Bildungstypen	Berufsfunktion / Spezialisierung	**Berufsfelder**	Wirtschaft, Verwaltung, Tourismus
Branchen	Journalismus, Redaktion - Marketing, Kommunikation - Tourismus	**Swissdoc**	0.612.21.0

Aktualisiert 11.07.2022

Tätigkeiten   **Ausbildung**   **Voraussetzungen**   **Bemerkungen**

🔍 **Verwandte Berufe**
> Blogger/in
> Vlogger/in

Tätigkeiten

Digital Influencer und Digital Influencerinnen bewerben ein Produkt auf sozialen Medienkanälen. Sie besitzen eine ausgeprägt hohe Reichweite bei einem gewissen Zielpublikum (viele Follower). Im Bereich Marketing wird die (meist kostspielige) Verbindung zu Digital Influencern gezielt genutzt, um ein Produkt auf sozialen Mediankanälen zu bewerben.

Ausbildung

Eine anerkannte berufliche Ausbildung gibt es bisher nicht. Es existieren private Kursangebote.

Abb. 2.8 Auf dem Weg zur Anerkennung – Blogger und Influencer als Beruf

Bald darauf sind erste Blogger und zunehmend auch Influencer einen Schritt weitergegangen und haben ihre eigenen Netzwerke gegründet, um sich gegenseitig zu unterstützen und stärken. Durch die Auflistung in Netzwerk eigenen Mitgliederverzeichnissen und – je nach Netzwerk – die Möglichkeit, eigenen Content über eine gemeinsame Netzwerk-Plattform zu aggregieren und einer größeren Community gebündelt zur Verfügung stellen zu können, erhöhen sie genauso ihre Auffindbarkeit im Netz und generieren eine größere Reichweite.

Überdies tauschen die Netzwerkmitglieder über eigens geschaffene Gefäße wie Workshops oder Kongresse Wissen und Erfahrungen untereinander aus und entwickeln sich fachlich wie menschlich weiter. Durch die Definition von Standards fördern sie die Professionalisierung ihrer Branche, sichern die Qualität und wirken zudem auch richtungsweisend für Dritte.

Indem sie den öffentlichen Diskurs zu wirtschaftlich und gesellschaftlich relevanten Themen, die ihre Arbeit tangieren, anregen, dazu Stellung nehmen und ihre Interessen gegenüber Dritten vertreten, gestalten sie die Weiterentwicklung des Blogger und Influencer Marketings aktiv mit.

Insbesondere bei polarisierenden Themen wie Werbekennzeichnung (s. Abschn. 3.3), Preisgestaltung (s. Abschn. 5.7) oder Privatsphäre von Kindern (s. Abschn. 4.2, Spezialfall „Kinder im Netz") liefern Netzwerke aktualitätsbezogene Impulse, fördern im Dialog mit Entscheidungsträgern aus Politik, Wirtschaft und Gesellschaft die Konsensfindung innerhalb der Branche, erarbeiten Handlungsempfehlungen und schaffen Regelungen, die in ihrer Arbeitspraxis umsetzbar sind.

Mit ihrem Engagement – wie zum Beispiel mit der Definition von Ethik-Kodizes (s. Abschn. 4.2) – schaffen sie gegenüber ihren Lesern, Followern und Kooperationspartnern Transparenz, Glaubwürdigkeit und Vertrauen. Damit stärken Netzwerke die Reputation der gesamten Branche und die Bedeutung von Blogger- und Influencer Marketing als ernstzunehmendes und wirkungsvolles Instrument.

> **Übersicht**
> Beispiele für Blogger- und Influencer-Netzwerke im DACH-Raum:
>
> - Netzwerk Schweizer Familienblogs, mit Kodex: schweizerfamilienblogs.ch
> - Blogger-Kodex: reiseblogger-kodex.com
> - Bloggerclub.de, mit Kodex: bloggerclub.de
> - Bundesverband Influencer Marketing und Universität Leipzig, mit Kodex: bundesverbandinfluencermarketing.de/ethik-kodex
> - Conscious Influence Hub, mit Kodex: consciousinfluencehub.org
> - Foodblogs Schweiz: foodblogs-schweiz.ch
> - Bloggerday.de bloggerday.de
> - BLOGST: blogst.de
> - Swiss Blog Family: swissblogfamily.ch

In ein Netzwerk werden nur Blogger und Influencer aufgenommen, die definierte Qualitätskriterien erfüllen und/oder sich mit dem Kodex einverstanden erklären. Oft wird auf die Zugehörigkeit zu einem Netzwerk, die Erfüllung der Qualitätskriterien und/oder die Umsetzung des Kodex mit einem Signet hingewiesen, dass die Blogger und Influencer auf ihren Plattformen publizieren.

Mit der Mitgliedschaft verpflichten sich die Mitglieder die Kriterien – und wo vorhanden die Richtlinien aus dem Kodex – zu erfüllen. Im Gegenzug profitieren die aufgenommenen Blogger und Influencer von gemeinsam entwickelten Dienstleistungen wie Eintrag in die Mitgliederliste, Verlinkung der Social Media Kanäle, Teilnahme an netzwerkinternen Weiterbildungen und Kongressen, allfällige Aggregation der Inhalte über eine gemeinsame Plattform, gemeinsame Vermarktung gegenüber möglichen Auftraggebern und Umsetzung von Kooperationen als Kollektiv.

▶ Von Blogger- und Influencer-Netzwerken profitieren alle Akteure des Blogger- und Influencer Marketings. Auftraggeber finden über Netzwerke direkt, schnell und kostengünstig passende Blogger und Influencer an einem Ort. Sie können Kooperationen mit einem Blogger- oder Influencer-Kollektiv umsetzen und dabei von einer breiteren Vielfalt an Ansätzen und Inhalten sowie einer größeren Reichweite profitieren, da sich das Kollektiv beim Teilen der Inhalte gegenseitig unterstützen kann. Auch Leser und Follower finden die für sie spannenden Blogger und Influencer an einem Ort und – wenn vorhanden – auch deren Content, der über eine aggregierte Plattform gebündelt zur Verfügung gestellt wird.

Die Bedeutung von Netzwerken am Beispiel des Netzwerks Schweizer Familienblogs
Am Beispiel des Netzwerks Schweizer Familienblogs und des Familienblogger-Kodex wird die große Bedeutung und der Synergienutzen dieser Zusammenschlüsse für alle Akteure im Blogger- und Influencer-Marketing deutlich:

Ziele des Netzwerks Schweizer Familienblogs Das Netzwerk Schweizer Familienblogs ist aus dem Bedürfnis entstanden, die Bedeutung von Blogs (s. Abschn. 1.3) in einem wirkungsvollen Blogger- und Influencer Marketing Mix zu unterstreichen und die Blogger- und Influencer Tätigkeit zu professionalisieren. Das Netzwerk verfolgt folgende Ziele:

- Vernetzung des vielfältigen Spektrums an Schweizer Familienblogs
- Definition und Einhaltung von Blogging-Guidelines im Familienblogger-Kodex (s. Abschn. 4.2)
- Förderung von Erfahrungs- und Wissensaustausch im Rahmen von Learning Sessions
- Vertretung der Interessen der Schweizer Familienblogs gegenüber Kooperationspartnern und Dritten

- Funktion als Koordinationspartner für die Umsetzung größerer Kampagnen als Kollektiv mehrerer Familienblogs
- Angebot aggregierter Inhalte für an Familienthemen interessierte Leserschaft

Mehr Sichtbarkeit und Reichweite dank Vernetzung Der gemeinsame Aufritt als Netzwerk Schweizer Familienblogs erhöht die Auffindbarkeit jedes einzelnen Mitglieds im Netz und fördert den individuellen Reichweitenaufbau.

Glaubwürdigkeit dank Familienblogger-Kodex Schweizer Familienblogger arbeiten mit Liebe und Leidenschaft, erschaffen qualitativ hochwertige Inhalte und richten sich beim Bloggen nach den Guidelines des Familienblogger-Kodex (s. Abschn. 4.2). Dank diesem Verhalten genießen sie in der öffentlichen Wahrnehmung einen guten Ruf. Sie gelten für ihre Community als authentische und vertrauenswürdige Blogger, Kooperationspartner betrachten sie als seriös und professionell.

Professionalisierung und Qualitätssicherung durch Know-how-Transfer Das Netzwerk fördert den Erfahrungs- und Wissensaustausch. Es bietet im Rahmen von Learning Sessions zu relevanten Themen rund ums Bloggen oder an ERFA-Treffen vielfältige Entwicklungsmöglichkeiten an. Damit unterstützt das Netzwerk die Professionalisierung ihrer Mitglieder und die Qualitätssicherung der Bloggerarbeit.

Interessensvertretung gegenüber Dritten Das Netzwerk vertritt die Interessen der Familienblogger gegenüber Kooperationspartnern und weiteren Parteien. Insbesondere bei polarisierenden Themen wie Werbekennzeichnung (s. Abschn. 3.3, Honorierung und Preisgestaltung (s. Abschn. 5.7) oder Achtung der Privatsphäre von Kindern (s. Abschn. 4.2, Spezialfall „Kinder im Netz") liefern Netzwerke aktualitätsbezogene Impulse, fördern im Dialog mit Entscheidungsträgern aus Wirtschaft, Politik und Gesellschaft die Konsensfindung innerhalb der Branche, erarbeiten Handlungsempfehlungen und schaffen Regelungen, die in ihrer Arbeitspraxis umsetzbar sind.

Synergienutzung durch Umsetzung von Kampagnen als Kollektiv Das Netzwerk fördert Kampagnen, die unter Nutzung von Synergien als Kollektiv umgesetzt werden können. Gemeinsam erreicht das Netzwerk knapp 500.000 Follower via Instagram und rund 250.000 Follower via Facebook. Kooperationspartnern bietet das Netzwerk ein qualitativ hochwertiges und engagiertes

Kollektiv an Schweizer Familienbloggern an sowie jahrelange Erfahrung und fundiertes Know-how in der Kampagnenumsetzung im Blogger und Influencer Marketing. Die Netzwerk-Verantwortlichen kennen alle Netzwerk-Mitglieder persönlich und wissen um ihre individuellen Stärken. Sie kennen die Ausrichtung, Schwerpunktthemen, Zielgruppe und Kennzahlen der einzelnen Blogs. Diese Nähe ermöglicht es ihnen, rasch und zielgerichtet die zur Kampagne passenden Blogs auszuwählen. Das Netzwerk agiert als Schnittstelle zwischen Kooperationspartnern und den beteiligten Bloggern. In dieser Funktion übernehmen die Netzwerk-Verantwortlichen die Projektkoordination und die Umsetzung der gemeinsam geplanten und definierten Influencer Marketing Maßnahmen. Ein professionelles Controlling nach Projektbeendigung rundet das Netzwerk-Angebot ab.

Aggregierte Content-Plattform als Mehrwert für Community Das Netzwerk hat mit www.schweizerfamilienblogs.ch eine Onlineplattform geschaffen, über welche Schweizer Familienblogger ihre Inhalte mittels RSS-Feed aggregieren und sie gesammelt dem gemeinsamen Zielpublikum zur Verfügung stellen. Die Themenwelt, die das Netzwerk auf dem aggregierten Portal geschaffen hat, ist aufgrund der verschiedenen Quellen äußerst vielfältig. An Familienthemen interessierte Leser finden auf der gemeinsamen Plattform den für sie relevanten Content verschiedener Blogger bequem an einem Ort sowie benutzerfreundlich nach den wichtigsten Familienrubriken wie Familienleben, Rezepte, Reisen, Basteln und Veranstaltungen geordnet. Zudem kann sich die Leserschaft über den Netzwerk-Newsletter au s einer Quelle von verschiedenen Bloggern zu verschiedenen Familienthemen à jour halten.

Blogger- und Influencer-Netzwerke bieten für alle Akteure Vorteile. Durch die Vernetzung innerhalb eigens dafür gegründeter Netzwerke können einzelne Blogger- und Influencer voneinander profitieren. Durch Know-how-Austausch und Know-how-Gewinnung professionalisieren sie sich laufend weiter und stärken durch die Schaffung von richtungsweisenden Standards für das Blogger und Influencer Marketing die gesamte Branche und geben Dritten Orientierungshilfen. Dies wirkt sich auf ihre Communities und Auftraggebern gleichermaßen positiv aus, da sie als seriöse und professionell agierende Blogger und Influencer wahrgenommen werden.

Auftraggebern bieten Netzwerke die Chance, mit Bloggern und Influencern on- oder offline in Kontakt zu treten, gemeinsam Themen zu bearbeiten, vielfältigen Content aus einer Hand zu gewinnen und durch Synergienutzung beim Distribuieren von Kooperationsinhalten größere Reichweiten zu erzielen.

Best Practice Take Aways zu Markt und Trends
- Sowohl Unternehmen wie Agenturen als auch Blogger und Influencer müssen aktuelle Markttrends kennen und die daraus resultierenden Erkenntnisse in die Kampagnen einfließen lassen.
- Wirksames Storytelling muss der Community Mehrwert in Form von korrekten, nützlichen Informationen und wahrer Inspiration bieten. Es muss die Community involvieren und zu einem Diskurs sowie zu Interaktionen anregen.
- In Kurz-Video- sowie Live-Video-Formaten liegt ein großes Potenzial, um direkt und niederschwellig mit der Community zu interagieren und damit Engagement und Conversion zu fördern.
- Audio-Formate gewinnen an Beliebtheit und Bedeutung. Entsprechend stellen Podcaster eine neue Influencer-Kategorie mit großem Potenzial dar.
- Pinterest schafft ein Umfeld für sinnstiftende Beziehungen zwischen Unternehmen und Communities. Die Plattform trifft den aktuellen Zeitgeist und weist ein großes Potenzial für verantwortungsvolles und nachhaltiges Blogger und Influencer Marketing auf.
- LinkedIn dient Bloggern und Influencern einerseits als Personal Publishing Plattform. Andererseits dient die Plattform als zusätzlicher Kanal für ein vielschichtiges Storytelling und zur Verlängerung von Inhalten sowie zur Erhöhung des Traffics auf Blogs oder anderen Kanälen und verstärkt damit die Wirkung von Kampagnen.
- Multiplattform-Marketing verlängert den Content und schafft Unabhängigkeit von einzelnen Plattformen.
- Durch die Berücksichtigung von Diversity-Faktoren bei der Wahl von Bloggern und Influencern können Unternehmen entsprechende Zielgruppen ansprechen und sich glaubhaft und sinnvoll für Vielfalt einsetzen und den Anforderungen von Diversity Reports gerecht werden.
- Für die Beurteilung der Zielerreichung sind Qualitätserwägungen über einen längeren Zeitraum wichtiger als reine kurzfristige Quantitätsbetrachtungen.
- Nischen-Blogger bzw. Nano- oder Micro-Influencer erzielen durch ihre starke Bindung zur Community erwiesenermaßen organisch höhere Reichweiten und Engagement-Raten
- Für ein wirkungsvolles Blogger und Influencer Marketing sind nicht nur der Blogger oder Influencer selbst von Bedeutung, sondern genauso seine Community und deren Qualität.
- Die Akteuren-Landschaft wird immer größer. Es gibt immer mehr Influencer Agenturen, Blogger- und Influencer Netzwerke sowie neue Creator Marktplätze, die ihre Ressourcen bündeln und ihre Leistungen anbieten.

- Blogger und Influencer begründen mit der Creator Economy eine neue Form von Unternehmertum, erschließen immer mehr Monetarisierungsmöglichkeiten und werden unabhängiger von klassischen Kooperationen.
- Neue Blogger und Influencer Kategorien fokussieren auf spezielle Themen, besetzen Nischen und sprechen das dazugehörige Zielpublikum an.
- Blogger und Influencer können als eigentliche Change Maker agieren und im Sinne eines transformativen Blogger und Influencer Marketings nachhaltige Veränderungen in Politik, Wirtschaft und Gesellschaft bewirken.
- Professionelle Blogger und Influencer sind Unternehmer. Ihr Arbeit ist qualitativ hochwertig, ihr Beruf verdient Anerkennung.
- Blogger und Influencer Netzwerke schaffen mit ihrem Engagement Transparenz, Glaubwürdigkeit und Vertrauen und stärken damit die Reputation der gesamten Branche und die Bedeutung von Blogger- und Influencer Marketing als ernstzunehmendes und wirkungsvolles Instrument.

Literatur

1. Carina Kröpfl: Social Media Storytelling: So begeisterst du mit Geschichten (2023): https://swat.io/de/strategie/social-media-storytelling Zugegriffen am 13.04.2023
2. Cordier Vanessa: Kidfluencer und Social Media: Die Entwicklung der Ausbeutung von Kindern im digitalen Zeitalter (2021): https://www.humanium.org/de/kidfluencer-und-social-media-die-entwicklung-der-ausbeutung-von-kindern-im-digitalen-zeitalter Zugegriffen am 04.04.2023
3. Daniel Hajek, Annette Melber, Annalena Otto: Influencer – zwischen Kinderzimmer, Kamera und Kooperationen (2022): https://mediendiskurs.online/beitrag/kidfluencerinnen-zwischen-kinderzimmer-kamera-und-kooperationen-beitrag-772 Zugegriffen am 04.04.2023
4. Erni Peter: Virtuelle Influencer: Ist das die Zukunft? https://www.esb-online.com/business-guides/artikel/virtuelle-influencer-ist-das-die-zukunft Zugegriffen am 04.04.2023
5. Jäger Claudia: Momfluencers als Bereicherung des Influencer Marketings (2022) https://www.reachbird.io/magazin/de/momfluencer-blogbeitrag-august-2022 Zugegriffen am 04.04.2023
6. Jäger Claudia: Grey Power – Wie Granfluencer Social Media rocken (2022). https://www.reachbird.io/magazin/de/Granfluencer Zugegriffen am 04.04.2023
7. Jäger Claudia: LinkedIn – eine spannende Plattform für Influencer (2023) https://www.reachbird.io/magazin/de/linkedin-influencer-marketing Zugegriffen am 04.04.2023
8. Jäger Claudia: Bookfluencer, bookstagram und booktok – Wie Social Media die Verlagswelt verändert (2022). https://www.reachbird.io/magazin/de/bookfluencer Zugegriffen am 04.04.2023

9. Knappe Annabelle: Blogger und Influencer Netzwerke – Ihre Rolle bei der Professionalisierung der Branche (2022): https://www.reachbird.io/magazin/de/blogger-und-influencer-netzwerke Zugegriffen am 04.04.2023
10. Maier Susi: Petfluencer sind die neuen Stars im Netz (2021). https://blog.socialhub.io/petfluencer-tierische-influencer Zugegriffen am 04.04.2023
11. Manuel Scholz & Joceline von Burg: White Paper Die Top 7 Social Media Plattformen (2021) https://www.mediaschneider.com/social-media-white-paper Zugegriffen am 04.04.2023
12. Margaux Adam: So kreativ bringt Pinterest innere Kritiker zum Vestummen (2022). https://www.horizont.net/marketing/nachrichten/erste-integrierte-markenkampagne-so-kreativ-bringt-pinterest-innere-kritiker-zum-verstummen-202614 Zugegriffen am 04.04.2023
13. Mattgey Annette: Pinterest startet erstmals auch in Deutschland eine integrierte Markenkampagne (2022) Zugegriffen am 04.04.2023
14. Maurer Andreas: Die Kidfluencer kommen (2023). https://www.tagblatt.ch/kultur/kultur-mantel/instagram-die-kidfluencer-kommen-eine-4-jaehrige-hat-schon-350000-follower-ein-heikles-business-ld.2414465?reduced=true Zugegriffen am 04.04.2023
15. Mohr Lukas: Virtuelle Influencer: Echt?! https://www.zukunftsinstitut.de/artikel/technologie/virtuelle-influencer Zugegriffen am 04.04.2023
16. Moorstedt Michael: TikTok Legebatterie für Influencer (2020): https://www.sueddeutsche.de/leben/tiktok-chase-hudson-hype-collab-house-1.5095021 Zugegriffen am 04.04.2023
17. Naumann Stephan & Daubenbüchel Cosima: Virtuelle Influencer – der nächste Hype im Influencer Marketing? (2021) https://www.omd.com/news/virtuelle-influencer-der-nachste-hype-im-influencer-marketing Zugegriffen am 04.04.2023
18. Pham Theo: Wir leben in der Creator Economy (2021). https://www.reachbird.io/magazin/de/wir-leben-in-der-creator-economy Zugegriffen am 02.04.2023
19. Rabach Tomma & Gerecke Martin: Kidfluencer – großes Marketingpotenzial mit sozialer Verantwortung und rechtlichen Besonderheiten (2019): https://medienrot.de/kidfluencer-grosses-markenpotenzial-mit-sozialer-verantwortung-und-rechtlichen-besonderheiten Zugegriffen am 04.04.2023
20. Reachbird: Die Kombination von Pinterest und Instagram im Influencer Marketing (2018) https://www.reachbird.io/magazin/de/die-kombination-von-pinterest-und-instagram-im-influencer-marketing Zugegriffen am 04.04.2013
21. Reachbird: 5 Tipps Podcasts im Influencer Marketing zu nutzen (2018): https://www.reachbird.io/magazin/de/5-tipps-podcasts-im-influencer-marketing-zu-nutzen/ Zugegriffen am 04.042023
22. Reachbird & Storyclash: Influencer Marketing Map 2022 (2022). https://www.reachbird.io/magazin/de/influencer-marketing-map Zugegriffen am 04.04.2023
23. Reachbird: Influencer Marketing Trend Report 2023: https://www.reachbird.io/de/influencer-marketing-trend-report-23 Zugegriffen am 04.04.2023
24. Reachbird: Finfluencer – Wie Influencer erfolgreich mit Finance Content begeistern (2021). https://www.reachbird.io/magazin/de/finfluencer Zugegriffen am 04.04.2023
25. Rutarux Jana: Die Sinnfluencer kommen (2023) https://www.20min.ch/story/die-sinnfluencer-kommen-130957845190 Zugegriffen am 04.04.2023

Literatur

26. Schönwälder Gordon: Podcaster aufgepasst – Warum Werbung im Podcast eine Chance und kein Risiko ist (2023): https://www.podigee.com/de/blog/podcaster-aufgepasst-warum-werbung-im-podcast-eine-chance-und-kein-risiko-ist Zugegriffen am 04.04.2023
27. Talkwalker & Khoros: Social Media Trends 2023: https://www.talkwalker.com/de/social-media-trends Zugegriffen am 04.04.2023
28. trusted blogs: Blogverzeichnisse (2022). https://www.trusted-blogs.com/tipps/blogverzeichnis. Zugegriffen am 04.04.2023

Rechtliche Aspekte 3

Trotz der länderspezifischen Unterschiede in der Gesetzgebung innerhalb des DACH-Raums und der Rechtsunsicherheiten aufgrund teils noch fehlender Richtlinien oder unklaren Vorgaben zur korrekten Umsetzung von Maßnahmen im Blogger- und Influencer Marketing gibt es rechtliche Aspekte, die innerhalb des gesamten DACH-Raums Allgemeingültigkeit haben und sowohl von allen Bloggern und Influencern als auch von Auftraggebern eingehalten werden müssen.

Dazu zählen nicht nur die unterdessen allgemein bekannten Impressums- oder Werbekennzeichnungspflicht, sondern auch gesetzliche Vorgaben aus weiteren Rechtsgebieten, mit denen das Blogger- und Influencer Marketing in Berührung kommt, wie zum Beispiel das Datenschutzrecht, das Urheberrecht, aber auch das Arbeits- und Persönlichkeitsrecht sowie Richtlinien für Gewinnspiele, Tabak- oder Alkoholwerbung und nicht zuletzt die Richtlinien der verschiedenen Social Media Plattformen.

Um Blogger- und Influencer Marketing korrekt ausführen zu können, müssen alle Akteure aus dem DACH-Raum nicht nur die wichtigsten gesetzlichen Vorgaben in ihrem eigenen Land, sondern auch diejenigen im DACH-Raum kennen. Denn aufgrund der gemeinsamen Sprache richten sie sich automatisch auch an ein Publikum außerhalb der eigenen Landesgrenze. Dabei gilt der Grundsatz: Es ist immer das Recht des Staates entscheidend, auf dessen Markt die Blogger- oder Influencer Maßnahme ihre Wirkung entfaltet.

Aufgrund anfänglicher Unkenntnis der Sachlage sowie mangelndem Verständnis für die Bedeutung und die weitreichenden Auswirkungen von Blogger- und Influencer Marketing wurden mit dem Aufkommen dieser Disziplin Informationspflichten – wie zum Beispiel ein Impressum oder eine Werbekennzeichnung – nicht von allen Bloggern und Influencern korrekt umgesetzt. Dieser ursprünglich

© Der/die Autor(en), exklusiv lizenziert an Springer Fachmedien Wiesbaden GmbH, ein Teil von Springer Nature 2023
R. Angelone, *Blogger- und Influencer-Marketing in der Praxis*,
https://doi.org/10.1007/978-3-658-42090-1_3

noch unprofessionelle Umgang mit gesetzlichen Richtlinien hat dazu geführt, dass Blogger- und Influencer Marketing heute noch kritisch bis negativ aufgefasst wird und man dieser Disziplin trotz aller Weiterentwicklung immer noch oft Intransparenz, Schleichwerbung, betrügerische Absichten bis hin zu Missachtung des Kindswohls unterstellt.

Umso wichtiger ist es, dass Blogger- und Influencer Marketing von allen Akteuren gesetzeskonform umgesetzt wird. Dies ist nicht nur Voraussetzung für professionelle Arbeit, sondern schafft auch die Grundlage für Verständnis und Akzeptanz für Blogger- und Influencer Marketing als gleichwertiges, anerkanntes Instrument innerhalb des Digital Marketings.

Allerdings bleibt die korrekte Umsetzung der gesetzlichen Anforderungen im Blogger- und Influencer Marketing trotz aller Professionalisierung und Bemühungen seitens der Akteure eine Herausforderung. Auch wenn die Gesetzgeber des DACH-Raums bei der Erneuerung und Anpassung der länderspezifischen Regelwerke das Blogger- und Influencer Marketing mitberücksichtigen, gehen Gesetze und Regelungen aufgrund der rasanten Entwicklung dieser Disziplin noch nicht in jedem Fall eindeutig auf die Besonderheiten dieser Marketingform ein. Auch unterscheiden sich die Regelungen von Land zu Land. Somit existieren nach wie vor Unterschiede, Grauzonen und Interpretationsspielräume, die bei der praktischen Umsetzung von Maßnahmen zu Rechtsunsicherheiten führen. Da es dabei keine länderspezifischen Grenzen gibt und sich deutschsprachige Blogger und Influencer grundsätzlich an das gesamte Publikum des DACH-Raums richten und somit von der Rechtslage aller drei Länder betroffen sind, ist oft nicht klar, welche Richtlinien gelten. Es ist deshalb entscheidend, die Wichtigsten zu kennen und korrekt umzusetzen. Im Zweifelsfall richten sich Blogger und Influencer und mit ihnen auch deren Auftraggeber nach der strengsten Vorgabe jenes Landes, auf dessen Markt die Maßnahmen ihre Wirkung entfalten. Zudem sollten sie bedenken, dass die Umsetzung von Vorgaben nicht nur aus rechtlichen Überlegungen erfolgen sollte, sondern in erster Linie, um Professionalität an den Tag zu legen und damit die eigene Reputation zu stärken.

3.1 Impressumpflicht gilt auch für Social Media Plattformen

Im DACH-Raum gilt die Impressumspflicht für jede Webseite und für jede Social Media Plattform, die nicht nur rein privat genutzt wird. Durch die sogenannte Anbieterkennzeichnung müssen die Betreiber, also Blogger- und Influencer, ihre

Identität und Adresse offenlegen, um die Transparenz im Netz zu fördern. Das Impressum muss Name, Adresse, Telefonnummer und E-Mail-Adresse des Webseiten- beziehungsweise Social Media Kanal Betreibers enthalten.

▶ Ein Impressum-Generator hilft bei der Erstellung eines Impressums. Kostenlose Anbieter für Deutschland, Österreich und die Schweiz findet man im Internet. Zum Beispiel: https://datenschutz-generator.de/impressum/

Die Anbieterkennzeichnung muss auf einer Webseite oder Social Media Plattform leicht erkennbar und deshalb als „Impressum" bezeichnet werden sowie leicht zugänglich, sprich durch maximal zwei Klicks erreichbar sein. Bei den Social Medien Plattformen verfügt bis jetzt nur Facebook über eine spezielle Rubrik für die Veröffentlichung des Impressums. Bei Twitter bzw. dem heutigen X, YouTube, Instagram, LinkedIn und TikTok müssen Blogger und Influencer bis auf weiteres ihr Profil entsprechend ergänzen oder mit einem Link auf das Impressum, das auf ihrer Website hinterlegt ist, versehen.

▶ Die eigenen Onlineplattformen mit einem vollständigen Impressum zu versehen, sollte nicht nur aus rechtlichen Überlegungen erfolgen. Transparenz schaffen gegenüber Community und Partnern ist die Basis für Glaubwürdigkeit und Vertrauen und somit eine Selbstverständlichkeit.

3.2 Datenschutzrichtlinien sind auch außerhalb der EU gültig

Die Datenschutz-Grundverordnung (DSGVO) enthält Regeln zur Verarbeitung personenbezogener Daten durch Unternehmen, Behörden und Vereine. Auch Blogger und Influencer müssen die Regeln der DSGVO befolgen, wenn sie einen Blog, eine Webseite oder eine Social Media Plattform mit Kommentarfunktion, Google Analytics, Kontaktformularen oder Newslettern nutzen und damit Leser- beziehungsweise Followerdaten erheben.

Bei der Umsetzung der DSGVO müssen Blogger und Influencer entsprechende technische und organisatorische Maßnahmen ergreifen, damit die Verarbeitung der Daten den Anforderungen der Verordnung genügt und die Rechte der Leser und Follower geschützt werden. Grundsätzlich gilt: Es dürfen nur personenbezogene Daten gesammelt werden, die für einen bestimmten Verarbeitungszweck notwendig sind.

▶ **Tipp**
Ein Datenschutz-Generator hilft bei der Erstellung der Datenschutzrichtlinien. Anbieter findet man im Internet. Zum Beispiel: https://datenschutz-generator.de/
Checklisten unterstützen bei der Umsetzung der Datenschutz-Grundverordnung. Beispiele findet man ebenfalls im Internet: https://datenschmutz.net/dsgvo-checkliste-fuer-blogs/

Wichtig ist zu wissen, dass die DSGVO nicht nur für Blogger und Influencer innerhalb der Europäischen Union gilt, sondern auch für Akteure aus Drittstaaten, die Daten von EU-Bürgern verarbeiten. Daraus lässt sich ableiten, dass auch Schweizer Blogger und Influencer, die sich aufgrund der Sprache automatisch auch an ein Publikum aus Deutschland und Österreich richten an die Richtlinien der DSGVO halten müssen, auch wenn immer wieder in Frage gestellt wird, inwieweit die Regeln für die Schweiz tatsächlich zwingend gelten.

▶ Mit der Umsetzung der Datenschutzrichtlinien setzt man als Blogger und Influencer ein Zeichen, das Bedürfnis nach Privatsphäre von Lesern und Followern zu respektieren. Allein aus diesem Grund sollten sich auch Schweizer Blogger und Influencer uneingeschränkt danach richten.

3.3 Werbekennzeichnungspflicht für bezahlte Inhalte

Unterdessen ist im gesamten DACH-Raum allgemein bekannt, dass Blogger und Influencer bezahlte Inhalte als Werbung kennzeichnen müssen.

Frankreich hat als erstes europäisches Land Gesetze für Blogger und Influencer eingeführt. Diese regeln unter anderem den Umgang mit Werbung. So ist es zum Beispiel verboten, Schönheitsoperationen, Kryptowährungen, Nikotin, Heilmittel, Glücksspiele und Wetten zu bewerben (s. Abschn. 3.3.3). Zudem schreibt das Gesetz vor, dass Werbung sowie der Einsatz von Filtern zur Bildretouche eindeutig und sichtbar gekennzeichnet werden müssen (s. Abschn. 3.4).

Dennoch scheuen sich viele, die Werbekennzeichnungspflicht konsequent und eindeutig umzusetzen, weil immer noch Bedenken vorhanden sind, dass die Offenlegung von gesponserten Inhalten einen negativen Effekt auf das Engagement der Leser und Follower haben könnte. Zudem herrscht in der Schweiz Unklarheit darüber, ob es tatsächlich einen rechtlichen Grund gibt, Werbung zu kennzeichnen. Zwar kann man aus dem Bundesgesetz gegen den unlauteren Wettbewerb (UWG) ein Transparenzgebot für die Kennzeichnung von Werbung ableiten und auch die schweizerische Lauterkeitskommission hat Grundsätze in der kommerziellen Kommunikation aufgestellt. Allerdings wird nicht eindeutig definiert, wie die Werbekennzeichnung erfolgen solle, da im geltenden Schweizer Recht spezifische Deklarationsvorschriften für Werbung in Online-Medien insbesondere für Social Media fehlen und Verstöße gegen die einschlägigen Artikel nicht sanktioniert werden können. Dennoch werden auch in der Schweiz strengere Regeln gefordert bzw. steht eine mögliche Harmonisierung des schweizerischen Rechts mit den entsprechenden europäischen Vorschriften zur Diskussion. Da sich Schweizer Blogger und Influencer auch in dieser Frage an ein Publikum in Deutschland und Österreich richten, ist in der Praxis die Rechtslage im DACH-Raum von Relevanz. Zudem gelten auch für Schweizer Blogger und Influencer ohnehin auch die einschlägigen Werberichtlinien der verschiedenen Social Media Plattformen, die Bloggern und Influencern hilfreiche Tools für die korrekte Kennzeichnung von Werbeinhalten anbieten.

3.3.1 Umsetzung der Werbekennzeichnungspflicht in der Praxis

Facebook, Instagram und YouTube haben Werberichtlinien, die von Bloggern und Influencern eingehalten werden müssen. Mittels Einsatz der kanaleigenen Branded Content Tools müssen Blogger und Influencer bezahlte Inhalte kennzeichnen [5, 8, 15, 21].

Zusätzlich und insbesondere, wo standardisierte Branded Content Tools fehlen, sind bezahlte Inhalte mit dem Begriff „Werbung" direkt am Anfang des Blogbeitrages oder des Social Media Posts zu kennzeichnen beziehungsweise bei einem Podcast als gesprochener Hinweis zu nennen. Die Kennzeichnung darf nicht versteckt oder an das Beitragsende gesetzt werden. Alternativ zum Begriff „Werbung" kann im DACH-Raum der Begriff „Anzeige" benützt werden. Auf unbestimmte Begriffe wie „Kooperation" oder „Partnerschaft" sollten Blogger und Influencer verzichten. Genauso wie auf englische Begriffe wie „sponsored". Auch genügt der Hashtag #werbung oder #ad nicht, insbesondere dann, wenn er innerhalb von einer Hashtag-Cloud versteckt wird.

Korrekte Werbekennzeichnung

Abb. 3.1 Transparente Werbekennzeichnung auf Blog und Social Media

Bezahlte Inhalte sollen auch in der Art und Weise, wie das Storytelling in einem Blogbeitrag oder in einer Social Media Caption erzählt wird, transparent gemacht werden (s. Abb. 3.1). Zum Beispiel „Auf Einladung hin von XY haben wir die Tourismusdestination Z besucht. Oder „Wir durften das Produkt XY, das wir von Z erhalten haben, testen". Das Storytelling muss stets so gestaltet sein, dass die Adressaten sofort deutlich erkennen können, dass es sich um einen bezahlten Beitrag handelt.

▶ **Tipp**
Der Leitfaden der Medienanstalten gibt Auskunft darüber, in welchen Fällen wie Werbung gemäß deutschem Recht gekennzeichnet werden muss: https://bit.ly/3GF3ouu

Das Q & A Influencer Marketing von Swiss Olympic enthält eine Entscheidungsmatrix, in welchen Fällen Werbung gekennzeichnet werden muss: https://bit.ly/3YUZmFG

Im Grundsatz gilt: Erhält der Blogger oder Influencer eine Entschädigung für die Kommunikation über ein Produkt oder eine Dienstleistung, müssen die Beiträge als Werbung gekennzeichnet werden. Dies ist auch der Fall, wenn keine finanzielle Entschädigung erfolgt. Sobald seitens Auftraggeber eine Erwartung entsteht oder die Pflicht auferlegt wird, dass Blogger und Influencer über ein Produkt, das ihnen geschenkt oder eine Dienstleistung, die ihnen offeriert wurde, berichtet wird, besteht ebenfalls eine Pflicht zur Kennzeichnung von

Werbung. Die korrekte Umsetzung der Werbekennzeichnungspflicht liegt sowohl in der Verantwortung der Blogger und Influencer als auch genauso der auftraggebenden Unternehmen und Agenturen und ist ein wesentlicher Punkt des Kooperationsvertrags (s. Abschn. 5.8.2).

Gerade im Zusammenhang mit dem Vorwurf, Blogger und Influencer würden meist Schleichwerbung betreiben und bezahlte Inhalte nicht als Werbung kennzeichnen (s. Abschn. 1.5), zeigt sich, dass es immer noch viele Vorurteile gibt, die heute so nicht mehr gelten. Gerade im Bereich korrekte Werbekennzeichnung gelten Blogger und Influencer heute sogar als eigentliche Pioniere der Transparenz, die für die korrekte Kennzeichnung von bezahlten Inhalten auch in Printmedien als Vorreiter und Vorbilder dienen können. Es ist allgemein bekannt, dass das täuschende Platzieren bezahlter Inhalte im redaktionellen Teil von Zeitungen noch bis vor Kurzem gang und gäbe war [6] bzw. immer noch ist. Um das Prinzip der Trennung zwischen redaktionellem Teil und Werbung formal einzuhalten, werden die PR-Beiträge in Printmedien zwar mit „Sponsored Content", „Publireportage", „Verlagsbeilage", „Promotion" oder „in Kooperation mit" bezeichnet, aber dies oft auf sehr übersehbare Art und Weise. Die Aufmachung des Inhalts gleicht leider immer noch sehr oft derjenigen des redaktionellen Teils und der Werbeinhalt ist für Leser nicht sofort ersichtlich.

3.3.2 Lex Influencer in Deutschland

Lange herrschte in Deutschland Unsicherheit darüber, ob Influencer generell alle Beiträge als Werbung kennzeichnen müssen, auch wenn diese unaufgefordert oder unentgeltlich veröffentlicht wurden. Die Lex Influencer hat diesbezüglich Klarheit geschaffen: Bezahlte Werbung muss in Deutschland offengelegt werden. Allerdings erfordert das Erwähnen oder Taggen von Unternehmen, Produkten oder Dienstleistungen keine Kennzeichnung, sofern der Beitrag der Information und Meinungsbildung dient und für *diesen* kein Entgelt oder eine ähnliche Gegenleistung gewährt wurde. In der Schweiz besteht ebenfalls keine grundsätzliche Kennzeichnungspflicht von „unbezahlter Werbung".

▶ Ehrlich und offen zu kommunizieren und bezahlte Beiträge als Werbung offenzulegen, sollte ungeachtet der rechtlichen Regelungen selbstverständlich sein. Die korrekte Kennzeichnung von Werbung stärkt sowohl die Reputation der Blogger und Influencer als auch diejenige der auftraggebenden Unternehmen und Agenturen. Die

Offenlegung dient allen Akteuren des Blogger und Influencer Marketings. Sie erhöht die Glaubwürdigkeit und schafft Vertrauen und stellt somit die Basis dar für eine ehrliche und erfolgreiche Kommunikation mit der Community, die sich längst nicht mehr so leicht täuschen lässt (s. Abschn. 2.11).

3.3.3 Spezialfall Tabak-, Alkohol-, Heilmittel und Lebensmittelwerbung

Viele Blogger und Influencer wissen nicht, dass es für gewisse Produkte besondere Vorschriften zum Schutz der Gesundheit gibt. Auch wenn sich diese innerhalb des DACH-Raums unterscheiden, besteht ein Trend zu mehr Regulierung der Werbung für Produkte wie Tabak, Alkohol, Heilmittel und Lebensmittel. Dies wird auch am Beispiel der Richtlinien von Facebook, Instagram, YouTube und LinkedIn deutlich: Diese Plattformen verbieten seit Längerem Werbung für Tabakwaren und Alkohol sowie für bestimmte Gesundheitsartikel, Nahrungsergänzungsmittel u.v.m., insbesondere dann, wenn sie sich an Minderjährige richtet.

Im Fall von Tabakwaren ist der Sachverhalt klar: Tabakwerbung ist in der EU schon lange verboten. In der Schweiz wird Werbung für Tabakprodukte voraussichtlich ab 2024 überall verboten, wo Minderjährige sie sehen könnten [17]}.

Im Falle von Alkohol ist in der Schweiz jede Form von Lifestyle-Werbung für spirituosenhaltige Getränke verboten. In Deutschland und Österreich ist Werbung für alkoholische Getränke grundsätzlich erlaubt, wenn sie sich nicht an Minderjährige richtet.

Werbung für Heilmittel muss sich an die gesetzlichen Vorgaben aus den Heilmittelwerbegesetzen der DACH-Länder halten. Die EU regelt, dass gesundheitsbezogene Aussagen zu Lebensmitteln stimmen müssen und den Verbraucher nicht täuschen dürfen.

Im Falle von Lebensmitteln stehen vor allem die ungesunden im Fokus. Allerdings gibt es nur in wenigen Ländern genügend gesetzliche Regelungen für diese Art von Werbung auf Social-Media-Plattformen. Einige Länder wie zum Beispiel Großbritannien und seit Kurzem auch Deutschland werden allerdings aktiv. Sie gehen in Richtung Verbot von bezahlter Online-Werbung für an Kinder gerichtete Werbung für Lebensmittel und Getränke, die einen zu hohen Gehalt an Zucker, Fett oder Salz haben. Die geplanten Einschränkungen bei der Lebensmittelwerbung für Kinder hat insbesondere für Foodblogger und Food-Influencer Auswirkungen [1, 3, 11].

3.3 Werbekennzeichnungspflicht für bezahlte Inhalte

▶ **Tipp**

Zum korrekten Umgang mit Werbung von Spezialprodukten wie Tabak, Alkohol, Heil- und Lebensmittel existieren länderspezifische Leitfäden sowie Richtlinien der verschiedenen Social Media Plattformen:

- Deutscher Werberat: Leitfaden zum Werbekodex: https://bit.ly/3CQeUIH
- Österreichischer Werberat: Ethik-Kodex der Werbewirtschaft: https://bit.ly/3W8e8at
- Facebook und Instagram Richtlinien für Werbung: https://bit.ly/3Wke7R6
- Werberichtlinien LinkedIn: https://bit.ly/3H1ZltD
- YouTube Richtlinien für werbefreundliche Inhalte: https://bit.ly/3IL8hVC
- Europäische Gesetzgebungen zum Umgang mit Tabak: https://bit.ly/3UfryIG
- Werbung für Medizinprodukte in Deutschland und der EU: Was erlaubt ist – und was nicht: https://bit.ly/3GJvEMr
- Amtsblatt der Europäischen Union: https://bit.ly/3COSdOH
- Schweizerische Eidgenössischen Zollverwaltung: Werbeleitfaden für Spirituosenwerbung: https://bit.ly/3XdDLIc
- Schweizer Bundesgesetz über Arzneimittel und Medizinprodukte: https://bit.ly/3ki2Jru

Es ist damit zu rechnen, dass auch in anderen Bereichen weitere Gesetzesanpassungen vorgenommen werden. So wurde zum Beispiel in Dänemark Blogger- und Influencer-Werbung für kosmetische Eingriffe, Tätowierungen, Diätprodukte, Solarien oder Energydrinks, die sich an Minderjährige richtet, ebenfalls schon verboten.

▶ Sowohl Blogger und Influencer als auch deren Auftraggeber müssen sich bei Kooperationen, bei denen Werbung für Spezialprodukte wie Tabak, Alkohol, Heil- und Lebensmittel gemacht wird, ihrer Verantwortung – insbesondere gegenüber einem minderjährigen Publikum – bewusst sein und sich generell dafür engagieren, Werbung für problematische Produkte zu reduzieren. Da die einschlägigen Richtlinien innerhalb der DACH-Region unterschiedlich ausgestaltet sind, ist es notwendig, sich in die länderspezifischen Regelwerke einzulesen und grundsätzlich stets von der strengsten Auslegung auszugehen, da der Adressatenraum durchlässig ist.

3.4 Kennzeichnungspflicht von Filtern in ersten europäischen Ländern

In ersten europäischen Ländern wie zum Beispiel Frankreich oder Norwegen müssen mit sogenannten Beauty-Filtern bearbeitete Bilder gekennzeichnet werden. So gibt es in Frankreich seit 2017 das „Décret Photoshop", das die Kennzeichnung bearbeiteter Bilder mittels „retouched photograph" oder „photographie retouchée" in der Werbung vorschreibt. In weiteren Ländern wie Dänemark und Großbritannien werden einschlägige Gesetzanpassungen diskutiert.

Im DACH-Raum existiert noch keine Kennzeichnungspflicht von Filtern, doch der Trend geht eindeutig in Richtung von mehr Realität auf den Sozialen Medien zum Schutz vor negativen gesellschaftlichen Folgen. Es ist deshalb damit zu rechnen, dass in diesem Bereich weitere Gesetzesanpassungen vorgenommen werden. Die aktuellen Diskussionen rund um den „Bold Glamour Filter" auf TikTok, der sich vor allem auf Kinder und Jugendliche negativ auswirkt, könnten diesen Prozess beschleunigen.

> **Wichtig**
> Auch wenn im DACH-Raum noch keine gesetzlichen Bestimmungen zum Einsatz von Bildbearbeitung und Filtern existieren, stehen alle Akteure im Blogger und Influencer Marketing in der Verantwortung, insbesondere jungen Menschen gegenüber, keine Schweinwelt mittels ad absurdum überarbeiteter Bilder vorzugaukeln.
>
> Verantwortungsvolle Blogger und Influencer können sich mit authentischem Bildmaterial für einen positiven Umgang mit Social Media einsetzen und profilieren. Auftraggeber können ebenfalls ein wichtiges Zeichen setzen, indem sie bereits bei der Evaluation von passenden Bloggern und Influencern (s. Abschn. 5.5) auf eine authentische Bildsprache achten und bei Kooperationen mittels Briefing die Maßnahmenumsetzung entsprechend danach richten.

3.5 Gewinnspiele auf Sozialen Kanälen

Gewinnspiele sind eine beliebte Maßnahme innerhalb des Blogger und Influencer Marketings. Sie erhöhen die Aufmerksamkeit und Reichweite bei Kooperationen und stärken die Bindung zur Community. Entsprechend oft werden sie zur Aufwertung von Kooperationsmaßnahmen eingesetzt. Damit ein

3.5 Gewinnspiele auf Sozialen Kanälen

Gewinnspiel erfolgreich umgesetzt werden kann, müssen Kriterien wie Teilnahmebedingungen, Laufzeit, Gewinnerauswahlverfahren und Dauer definiert werden. Nebst den rechtlichen Bestimmungen der länderspezifischen Geldspielgesetze innerhalb des DACH-Raums gilt es auch, die einschlägigen Nutzungsbedingungen der einzelnen Social Media Plattformen zu beachten [14].

> **Beispiel für Teilnahmebedingungen für Gewinnspiele und Verlosungen auf Instagram/Facebook**
> Beantworte in den Kommentaren die Frage aus der Caption.
> Die Verlosung [der/des XY] endet am [Datum, Uhrzeit].
> Die Teilnahme am Gewinnspiel ist freiwillig und kostenlos.
> Teilnahmeberechtigt sind volljährige Personen mit Wohnsitz in [Land].
> Der/die Gewinner/in wird per Zufallsprinzip ausgelost und via DM benachrichtigt.
> Der Gewinn wird ausschließlich als Sachpreis zugeteilt, ein Umtausch oder eine Auszahlung des
> Wertes des Gewinnes ist nicht möglich.
> Die Promotion steht in keiner Verbindung zu Instagram/Facebook und wird in keiner Weise von
> Instagram/Facebook gesponsert, unterstützt oder organisiert.

Es ist möglich, die allgemeinen Bedingungen zum Gewinnspiel in extern verlinkten Teilnahmebedingungen, zum Beispiel auf einem Blog, festzuhalten.

▶ Im Leitfaden der Medienanstalten sowie in den Richtlinien für Promotionen der verschiedenen Social Media Plattformen werden die relevanten rechtlichen Punkte für Gewinnspiele dargelegt: https://bit.ly/3Pu97ap

▶ Professionell durchgeführte Gewinnspiele erhöhen die Aufmerksamkeit und die Reichweite bei Kooperationen und stärken die Bindung zur Community. Auftraggeber können ein Beispiel für Teilnahmebedingungen im Kooperationsbriefing einbinden, um Blogger und Influencer bei der korrekten Umsetzung von Gewinnspielen zu unterstützen.

3.6 Urheberrecht – Achtung auf Nutzungsbedingungen

Blogger und Influencer benötigen für ihre Arbeit Texte, Bilder oder Videos. Zum größten Teil produzieren sie diese Inhalte selbst, da dies der Kern ihrer Tätigkeit darstellt. Dennoch gibt es immer wieder Situationen, in denen sie auf entsprechende Materialien Dritter zugreifen wollen oder müssen, da sie zum Beispiel keine eigenen Bilder produzieren können oder Inhalte zitieren beziehungsweise in einer zusammengefassten Form wiedergeben möchten. Da Texte, Fotos, Grafiken und Videos grundsätzlich urheberrechtlich geschützt sind, müssen Blogger und Influencer sicherstellen, dass der Urheber mit der Nutzung einverstanden ist bzw. klären, wie die Nutzungsbedingungen im Detail aussehen. Neben der Zustimmung gilt auch das Prinzip, dass Urheber das Recht haben, im Zusammenhang mit dem Bild, Video oder Text namentlich erwähnt beziehungsweise bei Texten korrekt zitiert zu werden [20].

Für Drittmaterialien gibt es entsprechende Bildagenturen und Bilddatenbanken, kostenpflichtige sowie kostenlose. Blogger und Influencer sind in jedem Fall gut beraten, die genauen Nutzungsbedingungen im Detail zu studieren und die Bilder entsprechend zu nutzen. Auch wenn man die Nutzungsrechte an Materialien erwirbt, darf man nicht in jedem Fall frei damit umgehen. Die Nutzungsbedingungen der jeweiligen Datenbanken geben vor, wie das Material verwendet werden darf. So darf zum Beispiel nicht jeder Inhalt kommerziell verwendet, bearbeitet oder über Social Media verbreitet werden.

Das Urheberrecht muss auch im Bereich der Musik respektiert werden. Musik, die einem Markenschutz unterliegt, darf nicht für YouTube-, Instagram- oder TikTok-Formate verwendet werden. In Deutschland werden jüngst Influencer wegen Urheberrechtsverletzungen auf Social Media abgemahnt. Dies, obwohl Instagram und TikTok den Nutzern die Möglichkeit bieten, Videos mit Musik zu untermalen. Allerdings ist es so, dass dies nur privaten Nutzern erlaubt ist, nicht Unternehmen sowie Influencern, deren Beiträge – egal ob bezahlt oder nicht – alle als kommerziell eingestuft werden. Wer kein Risiko eingehen will, muss alle Beiträge löschen, bei denen lizenzierte Musik verwendet wurde und künftige nur noch lizenzfreie Musik wählen [18].

Um sicher zu gehen, nur lizenzfreie Musik zu verwenden, kann man auf die Facebook Sound Library zugreifen und die Musik auch für Instagram-Postings einsetzen, bei TikTok erfüllt die Sound Collection denselben Zweck (s. Abschn. 3.6).

▶ Das Whitepaper „Bilder und Fotos im Web finden und rechtskonform nutzen" erklärt den korrekten Umgang und enthält eine Liste von Bildagenturen und -datenbanken: https://bit.ly/3XsaSb3

3.6 Urheberrecht – Achtung auf Nutzungsbedingungen

Das Urheberrecht muss auch im Bereich der Musik respektiert werden. Musik, die einem Markenschutz unterliegt, darf nicht für YouTube-, Instagram- oder TikTok-Formate verwendet werden. In Deutschland werden jüngst Influencer wegen Urheberrechtsverletzungen auf Social Media abgemahnt. Dies, obwohl Instagram und TikTok den Nutzern die Möglichkeit bieten, Videos mit Musik zu untermalen. Allerdings ist es so, dass dies nur privaten Nutzern erlaubt ist, nicht Unternehmen sowie Influencern, deren Beiträge – egal ob bezahlt oder nicht – alle als kommerziell eingestuft werden. Wer kein Risiko eingehen will, muss alle Beiträge löschen, bei denen lizenzierte Musik verwendet wurde und künftig nur noch lizenzfreie Musik wählen oder aber die entsprechenden Lizenzrechte beschaffen (s. Abschn. 3.6).

▶ Für lizenzfreie Musik kann man auf die Facebook Sound Library zugreifen und die Musik auch für Instagram-Postings einsetzen. Bei TikTok erfüllt die Sound Collection denselben Zweck.

Für fehlende Bild- oder Musik-Lizenzrechte haften in der Regel die Blogger und Influencer, nicht die Unternehmen oder Agenturen.

▶ **Wichtig**
Um Risiken und daraus möglicherweise resultierende Abmahnungen auszuschließen, ist es wichtig, dass diese Problematik bei Kooperationen angeschaut wird und sich die Auftraggeber versichern, dass die Urheberrechte respektiert werden.
  Wer auf Nummer sicher gehen will, produziert das Bildmaterial selbst. Bei selbsthergestellten Bildern oder Videos, die Personen zeigen, muss deren Einwilligung eingeholt werden.
  Auftraggeber können Blogger und Influencer bei Kooperationen nach Bedarf mit Bildmaterial unterstützen.

Spezialfall Recht am eigenen Bild bei Kindern

Im Zusammenhang mit Bildrechten ist für Blogger und Influencer auch das Persönlichkeitsrecht von Bedeutung, insbesondere das Rechts am eigenen Bild. Dieses besagt, dass jeder Mensch grundsätzlich selbst bestimmen darf, ob überhaupt und in welchem Zusammenhang Aufnahmen wie Fotos oder Videos von ihm veröffentlicht werden. Demnach müssen Blogger und Influencer aus dem Bereich Familie, die ihre Angehörigen, insbesondere ihre Kinder, in ihre Arbeit miteinbeziehen, das Recht am eigenen Bild beachten und die damit vorgegebenen Grenzen respektieren.

▶ **Wichtig**
Es ist selbstredend, dass sich Blogger und Influencer nicht fremder Materialien bedienen, beziehungsweise, wenn sie dies tun, die Nutzungsrechte sauber klären und korrekt umsetzen sowie die Quellen immer angeben und sich nicht mit fremden Federn schmücken.

Blogger und Influencer aus dem Bereich Familie, die ihre Familie in ihre Arbeit miteinbeziehen, müssen die einschlägigen gesetzlichen Richtlinien rund um das Recht am eigenen Bild beachten, das insbesondere auch für Kinder gilt. Auch Auftraggeber müssen darauf achten, dass die Arbeit mit Drittmaterialien regelkonform und ethisch vertretbar verläuft und ihre Kooperationspartner nach Bedarf mit Bildmaterial unterstützen.

Best Practice Take Aways zu rechtlichen Aspekten

- Die rechtlichen Anforderungen an das Blogger- und Influencer Marketing ergeben sich im DACH-Raum nicht aus einem einzigen umfassenden Gesetz, sondern aus verschiedenen Rechtsgrundlagen, branchen- und berufsspezifische Empfehlungen sowie den einschlägigen plattformspezifischen Richtlinien der verschiedenen Social Media Kanälen.
- Trotz länderspezifischen Unterschiede gibt es gesetzliche Aspekte die Allgemeingültigkeit haben und von allen Bloggern und Influencern eingehalten werden müssen.
- Die wichtigsten Richtlinien, die einzuhalten sind und ich als Minimal Standard bezeichnen, betreffen Impressumspflicht, Datenschutz, Werbekennzeichnungspflicht, Urheberrecht, aber auch das Arbeits- und Persönlichkeitsrecht (siehe auch Kinder im Netz) sowie Richtlinien für Gewinnspiele, Tabak- oder Alkoholwerbung und nicht zuletzt die Richtlinien der einzelnen Social Media Plattformen.
- Auftraggeber können sich in Bezug auf die korrekte Umsetzung von gesetzlichen Vorgaben nicht aus der Verantwortung nehmen. Gesetzlich korrektes Umsetzen von Blogger- und Influencer Marketing ist eine geteilte Verantwortung zwischen allen Akteuren.
- Auftraggeber achten am besten bereits bei der Evaluation von Bloggern und Influencern darauf, wie gut ihre möglichen Kooperationspartnern ihren gesetzlichen Pflichten nachkommen.
- Akteure im Influencer Marketing müssen bei Kooperationen die korrekte Umsetzung der Richtlinien für die korrekte Kennzeichnung von Werbung einfordern und einhalten.

Literatur

1. Bialek Catrin: Konsequenter Werbestopp für ungesunde Lebensmittel soll kommen (2023). https://www.horizont.net/marketing/nachrichten/regulierung-konsequenter-werbestopp-fuer-ungesunde-lebensmittel-soll-nun-kommen-210140 Zugegriffen am 05.04.2023
2. Bundesministerium der Justiz/Telemediengesetz (TMG, § 5): Allgemeine Informationspflichten (2023). https://www.gesetze-im-internet.de/tmg/__5.html Zugegriffen am 05.04.2023
3. Deutschlandfunk Nova: Fastfood-Werbung in den Sozialen Medien (2022). https://www.deutschlandfunknova.de/beitrag/fastfood-werbung-in-sozialen-medien-immense-reichweiten-mit-ungesundem Zugegriffen am 05.04.2023
4. Fehr-Bosshard Delia und Benz Ann Sofie: No Goes: Schweizer Werbebeschränkungen im Influencer Marketing (2020): https://www.vischer.com/know-how/blog/no-gos-schweizer-werbebeschraenkungen-im-influencer-marketing-38466 Zugegriffen am 05.04.2023
5. Funktion zur Kennzeichnung bezahlter Werbung bei YouTube (2023). https://support.google.com/youtube/answer/154235#paid_promotion_disclosure&zippy=%2Cgibt-es-eine-funktion-mit-der-ich-zuschauer-%C3%BCber-bezahlte-werbung-in-meinen-videos-informieren-kann Zugegriffen am 13.01.2023
6. Gasche Urs P: Bezahlter Artikel mit Bedingung „Keine Werbekennzeichnung" (2020). https://www.infosperber.ch/medien/trends/bezahlter-artikel-mit-bedingung-keine-werbekennzeichnung/ Zugegriffen am 02.04.2023
7. Herrmann Tanja: Werbekennzeichnung für Blogger und Influencer (2018). https://www.webstages.ch/post/werbekennzeichnung-fuer-influencer Zugegriffen am 05.04.2023
8. Instagram Promotion Guidelines (2023) https://help.instagram.com/179379842258600 Zugegriffen am 13.01.2023
9. Instagram Tools für Markeninhalte (2023). https://business.instagram.com/ad-solutions/branded-content Zugegriffen am 05.04.2023
10. Keller Claudia: Klares Signal – Vorsicht vor Werbung auf dem Schleichweg (2023): https://www.wengervieli.ch/getattachment/b29634d6-3e57-4869-9bf8-46a061e49972/Klares-Signal-Vorsicht-vor-Werbung-auf-dem-Schleichweg.aspx Zugegriffen am 05.04.2023
11. Kreutz Heike: Influencer-Werbung für Nahrungsergänzungsmittel (2023). https://www.bzfe.de/service/news/aktuelle-meldungen/news-archiv/meldungen-2022/august/influencer-werbung-fuer-nahrungsergaenzungsmittel Zugegriffen am 05.04.2023
12. Marco S. Meyer: Influencer Marketing (2018). https://mll-legal.com/publikationen/influencer-marketing-erheblicher-nachholbedarf-bei-der-kennzeichnung-von-posts Zugegriffen am 05.04.2023
13. Martin Steiger: Vorsicht, Urheberrecht: Bilder im Internet rechtssicher verwenden (2019). https://www.cyon.ch/blog/Bilder-im-Internet-rechtssicher-verwenden Zugegriffen am 05.04.2023
14. Reachbird: Gewinnspiele auf Instagram (2021). https://www.reachbird.io/magazin/de/gewinnspiele-auf-instagram Zugegriffen am 05.04.2023
15. Richtlinien für Markeninhalte bei Facebook (2023). https://www.facebook.com/business/help/788160621327601?id=1912903575666924&helpref=faq_content Zugegriffen am 13.01.2023

16. Schweizerische Lauterkeitskommission: Grundsätze Lauterkeit in der kommerziellen Kommunikation (2022). https://www.faire-werbung.ch/wp-content/uploads/2022/03/SLK-Grundsaetze_DE-1.12.2022.pdf Zugegriffen am 05.04.2023
17. Tabakpolitik Schweiz: https://www.bag.admin.ch/bag/de/home/strategie-und-politik/politische-auftraege-und-aktionsplaene/politische-auftraege-zur-tabakpraevention/tabakpolitik-schweiz/tabpg.html Zugegriffen am 05.04.2023 Zugegriffen am 14.12.2022
18. Tanja Herrmann: Dürfen Influencer:innen nun gar keine bekannten Sounds mehr auf Social Media verwenden? (2023). https://www.webstages.ch/post/duerfen-influencer-nun-gar-keine-bekannten-sounds-mehr-auf-social-media-verwenden Zugegriffen am 14.04.2023
19. Valentina-Teresa Schwaiger: Kennzeichnungspflicht bei Influencer Marketing (2019). https://eplus.uni-salzburg.at/obvusbhs/content/titleinfo/5015291/full.pdf. Zugegriffen am 14.12.2022
20. Wbs.legal: Bildrechte in Social Media (2023). https://www.wbs.legal/medienrecht/social-media-recht/bildrechte Zugegriffen am 05.04.2023
21. Werberichtlinien für Facebook und Instagram (2023). https://www.facebook.com/business/help/221149188908254. Zugegriffen am 05.04.2023

Ethische Aspekte

4

Ethische Grundsätze spielen in Wirtschaft und Gesellschaft eine wichtige Rolle und beeinflussen sowohl die Haltung als auch die Verhaltensweise aller Akteure im Blogger und Influencer Marketing. So erwartet die Community von Unternehmen sowie Bloggern und Influencern ein ethisch korrektes Verhalten. Dementsprechend definieren immer mehr Unternehmen, Agenturen sowie Blogger und Influencer ethische Standards, Regeln und Normen, nach denen sie sich bei ihrer Arbeit richten. Damit ein gemeinsamer Konsens entsteht, was unter ethisch korrektem Blogger und Influencer Marketing verstanden wird und daraus eine möglichst einheitliche Umsetzungspraxis entsteht, ist es wichtig, dass die Standards, die allerdings keine Gesetze darstellen, schriftlich festgehalten werden und sich die Akteure dazu verpflichten, diese einzuhalten. Schriftlich verfasste Verhaltens-Kodizes bilden die Grundlage für ein verantwortungsvolles Blogger und Influencer Marketing und stellen insbesondere bei Kooperationen eine unabdingbare Orientierungshilfe dar.

4.1 Digitale Ethik

Um ethische Grundsätze im Blogger und Influencer Marketing definieren zu können, braucht es ein übergeordnetes, einheitliches Verständnis dafür, wie ethisch korrektes und verantwortungsvolles Handeln im digitalen Raum aussieht, sprich: Was Digitale Ethik grundsätzlich bedeutet. Die Digitale Ethik fokussiert auf Herausforderungen in der digitalen Welt und beschäftigt sich mit Fragen rund um Künstliche Intelligenz, Algorithmen, Privatsphäre oder der Rolle der sozialen Medien und untersucht, welche Herausforderungen und Spannungsfelder bei der Anwendung von digitalen Medien entstehen und welche Lösungsansätze verfolgt werden können, um Probleme und Konflikte zu verhindern. Von Bedeutung für das Blogger und Influencer Analog, wie es in der Printmedienwelt publizistische Grundsätze gibt, müssen für das Blogger und Influencer Marketing ethische Grundsätze definiert werden.

Digitale Ethik befasst sich mit der Frage, was die Gesellschaft akzeptiert und was nicht. Dabei geht es in erster Linie um Akzeptanz und Vertrauen im digitalen Raum. Dies ist ein zentrales, reputationsrelevantes Thema im Blogger und Influencer Marketing, dem sich sowohl Unternehmen und Agenturen auf der auftraggebenden Seite als auch Blogger und Influencer auf der umsetzenden Seite annehmen müssen. Umfragen zeigen, dass die Akteure unterdessen über einiges an Wissen und Erfahrung aufweisen, dass allerdings immer noch viele Unsicherheiten bestehen, wie verantwortungsvolles Verhalten im digitalen Austausch aussieht [2].

▶ Der Trendradar „Digitale Ethik" des Center for Digital Responsibility erforscht, was die Gesellschaft bewegt und auf welche ethischen Aspekte Unternehmen, Agenturen, Blogger und Influencer im DACH-Raum bei der Ausübung ihrer Tätigkeit achten sollten und wie ethisch korrektes Handeln aussehen kann.

Unternehmen, Agenturen, Blogger und Influencer blieben lange allein mit ihren Fragen, wie ethisch korrektes Handeln aussieht und hatten bisher wenige bis gar keine Möglichkeit, ihre Rolle als Auftraggeber oder Umsetzer von Blogger und Influencer Marketing Maßnahmen im Spannungsfeld von Gesetzen, Ethik und Erfolg zu reflektieren, sich gegenseitig auszutauschen und ein gemeinsames Verständnis zu schaffen, wie verantwortungsvolles Blogger und Influencer Marketing funktioniert. Neu definierte Codes of Conduct und Kodizes schließen diese Lücke [1].

4.2 Familienblogger Kodex des Netzwerks Schweizer Familienblogs

Die Mitglieder des Netzwerks Schweizer Familienblogs (s. Abschn. 2.18) bloggen seit Jahren nach den Guidelines des Familienblogger-Kodex und gelten als Vorreiter in Bezug auf das sogenannte Conscious Influencing (s. Abschn. 4.3). Mit dem Einhalten der Grundsätze des Familienbloggerkodex bekennen sich die Mitglieder zu ehrlichem, transparentem und glaubwürdigem Bloggen. In ihrem

4.2 Familienblogger Kodex des Netzwerks Schweizer Familienblogs

Kodex erläutern sie die für ihre Arbeit wichtigsten Grundsätze und erklären, wie sie die Richtlinien in der Praxis umsetzen.

Auch wenn sich dieser Kodex in erster Linie an Familienblogger richtet, haben die Grundsätze Allgemeingültigkeit und können auch von Bloggern und Influencern aus anderen Bereichen und Ländern als richtungsweisend betrachtet werden:

Familienblogger-Kodex

Als Familienblogger möchten wir von unseren Leserinnen und Lesern, aber auch von potenziellen Werbepartnern ernst genommen werden. Wir sind authentisch und kreativ. Glaubwürdigkeit ist unser wichtigstes Gut. Für unsere Arbeit möchten wir fair entlohnt werden. Wir stehen für folgende Punkte ein:
Wir handeln respektvoll.

Wir stellen unsere Familie, insbesondere unsere Kinder nicht bloß, sondern gehen mit ihren Bildern, Erlebnissen und Daten achtsam um und respektieren ihre Rechte sowie die von der ganzen Familie und den Kindern gesetzten Grenzen. Dabei richten wir uns nach den Handlungsempfehlungen des White Papers „Kinder im Netz" (s. Abschn. 4.2, Creator Codex von Pinterest).
Wir sind ehrlich.

Wir schreiben nur über Themen, die wir so auch erlebt haben. Wir machen keine unrichtigen oder irreführenden Angaben. Wir haben nie Fans und Follower auf sozialen Medien gekauft und werden dies auch in Zukunft nicht tun. Wir sind auch mal kritisch, denn unsere Leser schätzen unsere Authentizität.
Wir sind transparent.

Wir bloggen nach dem Trennungs- und Transparenzgebot, das sich aus Art. 2 UWG ableiten lässt: Wir trennen Werbung von redaktionellen Inhalten und deklarieren transparent bezahlte Kooperationen, Einladungen, Eventteilnahmen, Medienreisen, Gewinnspiele, Produkttests und Advertorials auf all unseren Kanälen klar als solche und nennen die Auftraggeber.

Wir beachten die Selbstbestimmung unserer Leserinnen und Leser und verpflichten uns, Daten nur im Rahmen der geltenden Gesetze zu erheben, zu verarbeiten und zu nutzen. Über den Umgang mit Daten informieren wir die Nutzer transparent.
Wir sind glaubwürdig.

Wir sind auch bei werblichen Aktivitäten kritisch und bleiben authentisch. Wir geben unsere freie Meinung wieder und sind keine Werbeplattformen, sondern eigenständige Menschen, Mütter und Väter, die für ihre Sache einstehen. ◄

Spezialfall „Kinder im Netz"
Das Thema Kinder im Netz ist ein kontrovers diskutiertes Thema, das polarisiert und von allen Seiten Kritiker auf den Plan ruft. Nicht selten reduzieren diese mit undifferenzierten Pauschalaussagen den Diskurs auf das Thema „Kinderbilder und deren Risiken im Netz" und betreiben gegenüber Blogger und Influencer, die ihre Kinder auf Blogs und/oder Sozialen Medien zeigen, ein Bashing (s. Abschn. 1.5).

Eine differenzierte Betrachtung zeigt, dass das Thema Kinder im Netz vielschichtig ist und in verschiedenen Formen im Netz auftreten kann – sei es in Form von Kinderbildern, in Form von Kinderarbeit auf den Sozialen Medien oder aber in Form von Berichterstattungen über Kinder auf Blogs oder auf Social Media. Je nach Art der Darstellung oder der Mitwirkung von Kindern im Netz ergeben sich andere Fragestellungen beziehungsweise stellen sich unterschiedliche Herausforderungen.

Das Thema Kinder im Netz betrifft nicht nur Familienblogger oder Momfluencers (s. Abschn. 2.12), sondern genauso Kinderfotografen auf Instagram oder Influencer- oder Werbeagenturen, die mit Kindern arbeiten und nicht zuletzt auch Privatpersonen, die Familienbilder teilen und Kinder und Jugendliche selbst, die sich – auch ohne Mamablogger und Momfluencers im Hintergrund – selbst in den Socials darstellen (s. Abschn. 2.15.6).

Aus dem White Paper des Netzwerks Schweizer Familienblogs
Das Netzwerk Schweizer Familienblogger engagiert sich insbesondere für einen respektvollen Umgang mit dem Thema „Kinder im Netz" und hat dazu in einem White Paper spezielle Guidelines erstellt, die ebenfalls für alle Akteure im Blogger und Influencer Marketing richtungsweisend sind.

Einbezug von Kindern in die Blogger und Influencer Arbeit Zu einer authentischen Vermittlung von Familiengeschichten und -werten gehört ein realistisches Abbild der Familie dazu. Nicht zuletzt, weil mit einer gewissen Öffentlichkeit auch ein gewisses öffentliches Interesse einher geht.

Familienblogger-Kodex schützt Kinder Schweizer Familienblogger achten darauf, die Persönlichkeitsrechte und die Daten der gesamte Familie und insbesondere diejenige der Kinder insofern zu schützen, als dass sie gemäß Familienblogger-Kodex generell respektvoll handeln, ihre Familie und Kinder nicht bloßstellen, sondern mit ihren Bildern und Erlebnissen nach dem Grundsatz weniger ist mehr achtsam umgehen und die von der gesamten Familie gesetzten Grenzen respektieren und insbesondere auf Bilder und Schilderungen von intimen Momenten und Erlebnissen verzichten.

„Das Thema ‚Kinderfotos im Netz' hat absoluten Zündstoff. Scheinbar gibt es hier nur Schwarz oder Weiß. Auf der einen Seite Eltern, die ihre Kids zeigen, weil es zu ihrem Business dazugehört – und auf der anderen die, die vehement dagegen sind. Eine Diskussion, die oft in wüsten Beschimpfungen in den Kommentarspalten endet. Ich würde mir hier statt Wut noch mehr Dialog und Aufklärung wünschen. Denn ich habe beruflich und privat die Erfahrung gemacht, dass vielen Menschen gar nicht klar ist, wie es um die Persönlichkeitsrechte der Kinder wirklich bestellt ist, welche (mediale) Verantwortung wir als Eltern haben, wo die Fotos letztendlich landen und welche Schlüsse Fremde aus Fotos und textlichen Infos ziehen können, die frei verfügbar im Netz sind. Stichwort: private Daten! Gut aufbereitetes Wissen hilft einfach. Ich habe früher meine Kinder von hinten gezeigt, auch mal Namen genannt, aber die letzten Jahre viel dazugelernt. Mein Privatleben ist Privatsache! Heute wird mir schlecht, wenn ich sehe, wie Eltern-Influencer ihre Kinder in Social Media ausschlachten, um Reichweite zu generieren. Tatsächlich habe ich über Dritte vor ein paar Jahren den Rat übermittelt bekommen: ‚Du willst wachsen auf Instagram? Poste deine Kinder!' What? Please! Niemals!"
Dorothe Dahinden, Herausgeberin https://www.mutterkutter.de/kinderfotos-im-netz

Herausforderungen und Gefahren
- Kinderbilder:
  Vor allem bei Kleinkindern werden Bilder ohne deren Einverständnis veröffentlicht. Diese Bilder zu einem späteren Zeitpunkt aus dem Internet zu entfernen, falls das Kind dies wünscht, grenzt an ein Ding der Unmöglichkeit. Zudem können Pädosexuelle sich an Kinderfotos in den sozialen Medien bedienen und diese auf Kinderpornoseiten hochladen.
- Kinderarbeit:
  Durch die Vermarktung von Kinderfotos und Videos unter Mitwirkung von Kindern verdienen Blogger und Influencer Geld. In Deutschland wird die Diskussion geführt, ob dies zu unerlaubter Kinderarbeit zählt. In Frankreich benötigen Unternehmen, die Kinder zu Werbezwecken buchen, die Einwilligung der Behörden. Zudem muss ein Teil der Honorare, die die Kinder-Influencer verdienen, verpflichtend auf ein Treuhandkonto eingezahlt werden, auf das sie erst nach ihrem 16. Geburtstag Zugriff haben.
- Schilderungen über Kinder:
  Berichte und Schilderungen über Krankheiten, schulische Leistungen, Konflikte, Alter, Hobbies etc. sind aus Datenschutzüberlegungen heikel bzw. tangieren die Persönlichkeitsrechte von Kindern, die ab Geburt ein Recht auf Privat- und Intimsphäre haben.

Gesetzgebung
- Recht auf Privat- und Intimsphäre:
Der Schutz der Persönlichkeit und der Privatsphäre ist ein Recht, das Kindern gemäß Artikel 16 der UN-Kinderrechtskonvention ab Geburt zusteht. Eltern tragen dafür die Verantwortung. Solange Kinder noch klein sind, bestimmen sie, ob und welche Fotos, Videos oder persönlichen Daten und Schilderungen im Internet veröffentlicht werden. Sobald sie etwas älter sind und selbst entscheiden können, müssen die Kinder in den Entscheid miteinbezogen werden, ob ihre Fotos und Berichte über sie veröffentlicht werden dürfen.
- Recht am eigenen Bild (s. Abschn. 3.6, Spezialfall Recht am eigenen Bild bei Kindern):
Das Recht am eigenen Bild ist ebenfalls ein Persönlichkeitsrecht und besagt, dass jeder Mensch grundsätzlich selbst darüber bestimmen darf, ob überhaupt und in welchem Zusammenhang Bilder von ihm verwendet werden. Das Recht am eigenen Bild gilt ab Geburt. Die Eltern als Erziehungsberechtigte übernehmen in den ersten Jahren die Ausübung dieses Rechts. Beim Festhalten von Erinnerungen für die Familie ist das Fotografieren der Kinder wenig problematisch. Schwierig wird es, wenn ein Bild den Familienkreis verlässt. Hier sind Eltern nicht mehr nur Schützende, sondern können auch als Verletzende der Rechte der Kinder wirken. Das Alter, ab welchem Eltern ihre Kinder in die Entscheidung, ob ein Bild gemacht, veröffentlicht und geteilt werden darf, ist gesetzlich nicht geregelt. Eine Mitsprache wird spätestens im Kindergartenalter wichtig, weil Kinder dann eine neue soziale Sphäre betreten und selbst sehr genau wissen, ob ihnen ein Bild von sich gefällt oder nicht.
Kinder können im Erwachsenenalter ihre Eltern wegen Persönlichkeitsverletzung zur Verantwortung und sie auf Unterlassung, Löschung, Schadensersatz, Genugtuung und Gewinnherausgabe verklagen, wenn sie nachweisen können, dass Bilder von ihnen online sind, zu derer Veröffentlichung sie keine Einwilligung gaben oder geben konnten. Diese Themen könnten in den nächsten Jahren Aufwind erhalten.
- Datenschutz:
Datenschützer, Jugendarbeiter, Lehrpersonen und Experten der Polizei empfehlen so wenig persönliche Angaben wie möglich über sich und seine Kinder im Internet zu publizieren. Denn das Internet vergisst nichts. In der virtuellen Welt des Internets sind die Daten nicht nur sofort für alle auf der ganzen Welt zugänglich, sondern sie bleiben auch dauerhaft vorhanden: Sind die Daten einmal im Netz, können sie beliebig vervielfältigt und daher kaum mehr vollständig gelöscht werden.

4.2 Familienblogger Kodex des Netzwerks Schweizer Familienblogs

- Arbeitsrecht und Jugendarbeitsschutz:
  Kinderarbeit ist verboten. Bei Arbeit für kulturelle, künstlerische und sportliche Darbietungen sowie zu Werbezwecken greifen die Jugendarbeitsschutzgesetze innerhalb des DACH-Raums ein, die sicherstellen, dass die Arbeit in einem geschützten Rahmen abläuft und regelt, wie viele Arbeitsstunden für welches Alter in Ordnung sind.

Handlungsempfehlungen
- Einhalten des Familienblogger-Kodex (s. Abschn. 4.2)
- Umgang mit Bildern
  – Braucht es für das authentische Storytelling zwingend ein Bild mit dem Kind?
  – Muss das Kind auf dem Bild zwingend mit Gesicht gezeigt werden?
  – Gibt es kreative Varianten, das Kind zu zeigen, ohne es wirklich zu zeigen?
  – Ist das Kind mit dem Teilen des Bildes einverstanden?
  – Wäre ich mit demselben Bild von mir als Kind einverstanden gewesen?
  – Sind beide Elternteile, Erziehungsberechtigte mit dem Teilen des Bildes einverstanden?
  – Ist mir bewusst, dass ich mit dem Upload des Bildes teilweise die Rechte an die Plattform verliere?
  – Bringt es meinem Kind etwas, wenn ich dieses Bild teile? Oder geht es letztlich um mein eigenes Bedürfnis?

▶ Die Löschung von Bildern kann bei Google beantragt werden. https://support.google.com/websearch/answer/4628134?hl=de

- Umgang mit Schilderungen
  – Ist das Kind mit der Veröffentlichung von Aufnahmen, Schilderungen, Erfahrungen rund um Themen wie Krankheiten, Schulnoten, Schule, Arzt, Spitalaufenthalt oder Momente von Verletzlichkeit, Trauer, Wut, Verzweiflung, Krisen, Streit einverstanden?
  – Wäre ich mit derselben Schilderung über mich als Kind einverstanden gewesen?
  – Sind beide Elternteile, Erziehungsberechtigte mit dem Teilen der Bilder, Schilderungen, Erfahrungen einverstanden?
- No-Gos
  – Nacktheit, ungünstige, zweideutige Posen, peinliche Situationen
  – Aufnahmen von privaten Rückzugsräumen, Kinder- und Badezimmern (siehe auch YouTube-Richtlinien)

- persönliche Gegenstände, erkennbare Dinge (auch nur im Hintergrund), die dem Kind unangenehm sein könnten
- Bilder mit Freunden und Verwandten
- Nennung personenbezogener Daten wie Namen, Wohnadresse, Geburtsdaten

Weitere Einflussfaktoren im Umgang mit Kindern im Netz
- Kulturelle Unterschiede:
Bei der Auseinandersetzung zum Thema Kinder im Netz gilt es zu beachten, dass es länderspezifische beziehungsweise kulturelle Unterschiede gibt. So gestaltet sich zum Beispiel in den USA oder in traditionell kinderfreundlichen Ländern wie Skandinavien oder Italien der Umgang mit Kindern im Netz offener und toleranter als im DACH-Raum. Diese Kulturen dämonisieren die Sozialen Medien nicht und vertreten die Meinung, dass es wichtig ist, dass auch Kinder im Sinne von Relevanz und Repräsentation in der Öffentlichkeit vertreten und sichtbar sind.
- Gesetzgebung:
In Deutschland wird die Diskussion geführt, ob die Mitwirkung der Kinder von Blogger und Influencern zu unerlaubter Kinderarbeit zählt. In Frankreich benötigen Unternehmen, die Kinder zu Werbezwecken buchen, die Einwilligung der Behörden. Zudem muss ein Teil der Honorare, die die Kinder-Influencer verdienen, verpflichtend auf ein Treuhandkonto eingezahlt werden, auf das sie erst nach ihrem 16. Geburtstag Zugriff haben. In den USA sind die Urheberrechte von Kindern bereits seit 1939 im Coogan-Gesetz geregelt. Es besagt, dass Kinder ein Anrecht auf mindestens 15 % ihres Einkommens aus der Sport-, Medien- und Unterhaltungsindustrie haben. Nun wurde auch ein erster Gesetzesentwurf zum „Schutz der Interessen von Kindern in gewinnorientierten Familien-Vlogs" eingereicht.
- Spannungsfeld zwischen Erwartungen von Unternehmen und Agenturen, Einhaltung von ethischen und eigenen Werten und Erwartungen der Community:
Blogger und Influencer stehen im Spannungsfeld zwischen den Erwartungen von Auftraggebern, der Einhaltung von ethischen und eigenen Werten und den Erwartungen ihrer Community in Bezug auf das „Zeigen der eigenen Familie, der eigenen Kindern". Bei Kooperationen rund um Familienthemen tendieren Unternehmen und Agenturen dazu, von Bloggern und Influencern möglichst viele Familien- und Kinderbilder zu verlangen. Und auch wenn seitens Community auf der einen Seite die Veröffentlichung von Kinderbildern kritisiert wird, so ist erwiesen, dass eben genau Kinderbilder mehr Interaktionen hervorrufen.

4.2 Familienblogger Kodex des Netzwerks Schweizer Familienblogs

- Status von Bloggern und Influencern innerhalb der Gesellschaft:
  Das Thema „Herausforderung Kinder im Netz" steht auch in Zusammenhang mit dem Status von Bloggern und Influencern bzw. mit der Anerkennung ihrer Arbeit und ihrer Professionalität und der Tendenz der heutigen Gesellschaft, undifferenziertes Blogger und Influencer-Bashing zu betreiben. Das Ganze wird dadurch verstärkt, dass insbesondere Mütter im Allgemeinen vom sogenannten Public Shaming betroffen sind – egal für welche Verhaltensweisen
- Sensibilisierung und Aufklärung auch von privaten Nutzern und Kindern selbst:
  Das Thema betrifft nicht nur Blogger und Influencer. Auch rein private Nutzer von digitalen Plattformen – also „normale" Eltern und Kinder – kommen mit der Herausforderung „Kinder im Netz" in Kontakt, indem sie zum Beispiel private und genauso problematische Bilder über Social Media oder WhatsApp verbreiten. Auch diese Nutzergruppe muss für die Herausforderungen sensibilisiert und in ihrer Medienkompetenz gestärkt werden.
- Noch fehlende Erfahrungswerte:
  Im Moment fehlen Erfahrungswerte zu möglichen negativen Auswirkungen von Kinderarbeit und Kinderbildern im Netz, da die betroffene Generation erst in ein paar Jahren darüber Auskunft geben kann, wie sie der Umgang mit Kindern im Netz beeinflusst oder gar beeinträchtigt hat. Etwas ketzerisch gedacht, besteht auch die Möglichkeit, dass die nächste Generation von Kindern und Jugendlichen Eltern für einen zu umsichtigen Umgang mit dem Thema kritisieren wird, weil ihnen damit vielleicht ein früher Aufbau einer Influencerkarriere verunmöglicht wurde.

Das Argument, dass Kinderfotos im Netz gegen das Persönlichkeitsrecht des Kindes verstossen, scheint gut, aber ist in Realität nicht haltbar. Wir als Eltern entscheiden täglich für unsere Kinder, sei es, ob wir sie impfen, im Auto mitnehmen, füttern, etc. Eine Impfung bsw kann lebensrettend sein oder mit Nebenwirkungen und Spätschäden einher gehen. Die richtige Ernährung genau so. All diese Entscheidungen prägen und beeinflussen unsere Kinder. Sie können statistisch nachweislich sogar lebensgefährlich sein, wie die Teilnahme im Verkehr. Und doch ist es an uns Eltern die gesamten Entscheidungen fürs Wohlwollen unserer Kinder zu treffen – mit allen Risiken und Konsequenzen. Fotos im Netz verletzen die Grundrechte unserer Kinder nicht. Die Eltern entscheiden im Rahmen der elterlichen Fürsorge und Pflicht darüber.
Im Gegenteil sehe ich meine Funktion als Mutter mit Kinderfotos im Netz als Vorbildfunktion für andere Familien. In keinem anderen Medium als auf den sozialen Netzwerken kann man das "normale Leben" anderer so sehr mitverfolgen und sich daran orientieren oder inspirieren lassen. Menschen können quasi für alle Lebenssituationen

und Fragen Antworten finden. Sind hier Kinderlachen und Alltagssituationen mit Kindern verboten, repräsentiert es nicht die ganze Gesellschaft und unterrepräsentierte Mitglieder unserer Gesellschaft werden weniger gesehen, politisch weniger einbezogen, bis sie komplett vom Radar verschwinden.
Muriel Urech Tsamis, Unternehmerin & Bloggerin bei https://www.MOMof4.ch

Fazit
Blogger und Influencer müssen sich an die einschlägigen Gesetze halten und richten sich am besten an die Empfehlungen von Ethik-Kodizes. Auf diese Weise können sie ihre Tätigkeit gemeinsam mit ihren Familien, mit ihren Kindern so ausüben, dass deren Rechte nach bestem Wissen und Gewissen respektiert werden – genauso wie alle anderen Eltern dies in vielen anderen Erziehungs- und Familienfragen auch tun. Es gibt keine allgemeingültige, einzig richtige Antwort auf die Frage, ob und wie Blogger und Influencer ihre Kinder in ihre Arbeit einbeziehen und im Netz veröffentlichen dürfen oder nicht. Es ist die persönliche Entscheidung sowohl der Eltern wie auch der Kinder selbst, wenn sie ein ausreichendes Verständnis entwickelt haben.

▶ **Wichtig**
Um die Tätigkeit als Blogger oder Influencer gemeinsam mit der eigenen Familie, mit eigenen Kindern so ausüben zu können, dass deren Rechte nach bestem Wissen und Gewissen respektiert werden, müssen die einschlägigen Gesetze (s. Kap. 3 eingehalten sowie die Grundsätze von Ethik-Kodizes respektiert werden.

Auftraggeber tragen ihren Teil der Verantwortung, indem sie bei Kooperationen keine Anforderungen in Bezug auf Bilder und Schilderungen verlangen, die den Schutz von Kindern im Netz widersprechen.

4.3 Ethikkodex Influencer Kommunikation des Bundesverbands Influencer Marketing Deutschland

Der deutsche Bundesverband Influencer Marketing setzt sich für einheitliche Standards ein und setzt Impulse für einen verantwortungsvollen Umgang mit Blogger und Influencer Marketing. Der Ethikkodex Influencer-Kommunikation ist als Grundlagenpapier zu verstehen. Dieser soll bei Bedarf in regelmäßigen Abständen aktualisiert werden.

> **Übersicht**
> Die zehn Grundsätze des Ethikkodex lauten:
>
> - Alle AkteurInnen handeln eigenständig.
> - Alle AkteurInnen handeln transparent.
> - Alle AkteurInnen handeln aufrichtig.
> - Alle AkteurInnen handeln wahrheitsgetreu.
> - Alle AkteurInnen tragen Fürsorge für schutzbedürftige oder benachteiligte Personengruppen.
> - Alle AkteurInnen handeln professionell.
> - Alle AkteurInnen pflegen einen wertschätzenden Umgang miteinander.
> - Alle AkteurInnen gehen respektvoll miteinander um.
> - Alle AkteurInnen verhalten sich loyal gegenübereinander.
> - Alle AkteurInnen handeln verantwortungsvoll.
>
> Zum vollständigen Whitepaper Ethikkodex Influencer-Kommunikation sowie eine Handreichung als Ergänzung: bvim.info/ethik.

Ähnlich wie das Netzwerk Schweizerfamilienblogs setzt sich der Bundesverband Influencer Marketing nicht nur für einheitliche Standards ein. Er möchte auch Blogger und Influencer, die ihrem Qualitätsstandard entsprechen, zertifizieren.

4.4 Code of Conduct des Conscious Influence Hub

Der Code of Conduct ist das Herzstück des Conscious Influence Hub. Auch er verfolgt das Ziel, Blogger und Influencer zu unterstützen, respektvoll, transparent und mit Empathie zu kommunizieren und ist in Zusammenarbeit mit Experten aus verschiedensten Bereichen sowie mit Bloggern und Influencern entwickelt worden. Damit bringt er Theorie und Praxis zusammen und verfolgt wie der Familienblogger-Kodex das Ziel, sich als Label für ethisch verantwortungsvolles Handeln im Blogger und Influencer Marketing zu etablieren und sich laufend weiterzuentwickeln.

> **Übersicht**
> Die einzelnen Punkte des Code of Conducts lauten:
>
> - Was du tust und sagst, beeinflusst andere.
> - Du bist ein Vorbild für Empathie und Respekt
> - Du gehst mit sensiblen Themen besonders verantwortungsvoll um.
> - Du hast Sexismus auf dem Radar.
> - Du bleibst sachlich und überprüfst Deine Quellen.
> - Du übernimmst Verantwortung für Deine Fehleinschätzungen.
> - Du bist ehrlich und transparent.
> - Du bist Dir deiner Verantwortung gegenüber Kindern und Jugendlichen bewusst.
> - Du achtest auf die Privatsphäre anderer.
> - Du respektierst die Spielregeln der analogen Welt auch online.
>
> Zum vollständigen Code of Conduct: www.consciousinfluencehub.org

Der Code of Conduct geht stark auf die Verantwortung der Blogger und Influencer gegenüber ihrer Community ein – vor allem gegenüber Minderjährigen, die besonders geschützt werden müssen.

Gleichzeitig macht er Blogger und Influencer darauf aufmerksam, sich auch sozial-politisch korrekt zu verhalten und sich bewusst zu sein, welche Auswirkung ihre Inhalte haben. Insbesondere Themen wie Empathie, Mobbing, Hass, Hetze, Sexismus, Fake News, Umgang mit Fehlern sowie Deklaration von Werbung, Umgang mit Face Filtern oder Umgang mit Kinderbildern stehen im Fokus.

> „Mit grossem Einfluss kommt auch grosse Verantwortung. Diesen kannst du für ‚Gutes' nutzen und deinen Standpunkt deutlich machen. Verfolge und befürworte den verantwortungsvollen Umgang mit Social Media und arbeite mit Brands, Bloggern und Influencern zusammen, um konstruktive und positive Botschaften zu fördern. Der Conscious Influence Hub Code of Conduct kann als Vorlage dienen. Für Brands ist es immer von Vorteil, wenn sie ihr Engagement für Wahrheit, Privatsphäre und Wohlbefinden bekräftigen."
> Anja Lapčević, Geschäftsleitung des Conscious Influence Hub

4.5 Ethik-Kodex der Österreichischen Werbewirtschaft

Der Österreichische Werberat richtet den Fokus im Bereich des Influencer Marketings auf ethisch-moralische Spielregeln und setzt sich mit dem Ethik-Kodex, der auf den allgemeinen Werberichtlinien der Werbewirtschaft basiert, für seriöse Werbung ein.

> **Übersicht**
>
> Das Herzstück des Ethik-Kodex enthält Grundsätze zu nachstehenden Themen:
>
> - Allgemeine Werbegrundsätze
> - Ethik und Moral
> - Gewalt
> - Gesundheit
> - Sicherheit
> - Umwelt
> - Rechtswidriges Werbeumfeld
> - Influencer-Marketing
>
> Zum vollständigen Ethik-Kodex: https://www.werberat.at/Influencer.aspx

Die verschiedenen Kodizes und Codes of Conduct schaffen Orientierung und fördern die Professionalisierung der gesamten Blogger und Influencer Branche. Sie ermöglichen den Akteuren, ihr Handeln zu reflektieren. Insgesamt schaffen ethische Standards Vertrauen und zeigen auf, dass sich die Branche ihrer Verantwortung bewusst ist und sich dieser proaktiv annimmt.

▶ Das Einhalten von ethischen Grundsätzen ist geteilte Verantwortung zwischen Unternehmen, Agenturen sowie Bloggern und Influencern. Dadurch können die Akteure die Anerkennung des Blogger und Influencer Marketing als professionelles Marketinginstrument fördern und als Vorbilder fungieren. Codes of Conduct und Kodizes sensibilisieren zudem junge Blogger und Influencer und tragen dazu bei, den Berufsnachwuchs bei ihrer Arbeit zu schützen und ihn auf ihre Vorbildfunktion und Verantwortung aufmerksam zu machen.

4.6 Verhaltenskodizes und Community Richtlinien von Sozialen Plattformen

Auch Social Media Plattformen wie Instagram, Facebook und TikTok haben ethische Richtlinien aufgestellt, über welche sie den Akteuren im Blogger und Influencer Marketing eine Handlungsorientierung bieten. Alle Plattformen verfolgen dasselbe Ziel: eine positive Online-Erfahrung sicherzustellen.

4.6.1 Creator Codex von Pinterest

Über die Prinzipien des Creator Codex setzt Pinterest das Wohlbefinden der Creator an erster Stelle, schafft ein positives Umfeld und regt zu einem freundlichen und inklusiven (s. Abschn. 2.7) Umgang an (s. Abschn. 2.4). Pinterest lässt Content Creator die Content-Richtlinien unterzeichnen, bevor sie Inhalte veröffentlichen.

> **Übersicht**
> Die Prinzipien des Creator Codex von Pinterest sind:
>
> - Teile dich mit, aber sei freundlich.
> - Rege zu Austausch an, aber überprüfe deine Fakten.
> - Inspiriere zu Handlungen, aber vermeide, Schaden zu verursachen.
> - Trau dich was, aber sei sensibel in Bezug auf Trigger.
> - Ermutige andere, statt sie auszugrenzen.
>
> Zum vollständigen Creator Codex von Pinterest https://business.pinterest.com/de/creator-code/

Der Creator-Codex von Pinterest vermittelt allen Akteuren des Blogger und Influencer Marketings eine starke und wichtige Botschaft.

4.6.2 Community Guidelines Instagram

Mit den Community Guidelines möchte Instagram ein authentischer und sicherer Ort sein, der inspiriert und persönlichen Ausdruck ermöglicht. Creator sollen dazu beitragen, die Gemeinschaft zu fördern und zu schützen sowie alle Personen auf Instagram zu respektieren.

> **Übersicht**
> Auszug aus den Community Guidelines von Instagram:
>
> - Fördere bedeutungsvolle und echte Interaktionen.
> - Respektiere die anderen Mitglieder der Instagram-Community.
> - Sorge dafür, dass unsere Gemeinschaft sicher bleibt. Verherrliche deshalb niemals Selbstverletzung.
> - Denke nach, bevor du berichtenswerte Ereignisse postest.
> - Trage zu einer starken Community bei:
>
> Zu den vollständigen Community Guidelines von Instagram: https://www.facebook.com/help/instagram/477434105621119

Verletzungen der Richtlinien können dazu führen, dass wir Inhalte löschen, Konten sperren oder andere Beschränkungen vornehmen.

4.6.3 Gemeinschaftsstandards auf Facebook

Mit den Gemeinschaftsstandards möchte Facebook dafür sorgen, dass Menschen frei und unbesorgt kommunizieren können.

> **Übersicht**
> Auszug aus den Gemeinschaftsstandards von Facebook:
>
> - Authentizität: Der auf Facebook veröffentlichte Content muss echt sein.
> - Sicherheit: Äußerungen, die Nutzer bedrohen, sind nicht gestattet.

- Datenschutz: Facebook setzt sich für den Schutz von Privatsphäre ein.
- Würde: Belästigungen oder Erniedrigungen sind nicht gestattet.

Zu den vollständigen Gemeinschaftsstandards von Facebook: https://www.facebook.com/business/learn/lessons/facebook-community-standards

4.6.4 Community Guidelines von TikTok

Auch TikTok will Kreativität fördern und Freude bereiten. Um ein sicheres, vertrauenswürdiges und lebendiges Erlebnis sicherzustellen, hat die Plattform ebenfalls Regeln und Standards für die Verwendung der Plattform definiert. Die Richtlinien sind nach Themenbereichen strukturiert.

Übersicht
Auszug aus den Community Guidelines von TikTok:

- Ausgewogenheit, Würde und Fairness
- Schutz und Wohlergehen Minderjähriger
- Psychische und Verhaltensgesundheit
- Sensible und nicht jugendfreie Themen
- Integrität und Authentizität
- Datenschutz und Sicherheit

Zu den vollständigen Community-Guidelines von TikTok: https://www.tiktok.com/community-guidelines/de-de/

4.7 Persönliches Wertesystem

Glaubwürdigkeit ist das höchste Gut von Bloggern und Influencern. Aus diesem Grund sollten Blogger und Influencer für ihre persönlichen Werte einstehen und konsequent danach leben und handeln. Nur authentische Blogger und Influencer mit einer klaren und konsequenten Haltung können das Vertrauen ihrer Community langfristig für sich gewinnen.

> **Wichtig**
> Durch die Kommunikation persönlicher Werte und Ziele können sich Blogger und Influencer klar positionieren und bei Leser und Follower Vertrauen schaffen. Potenziellen Auftraggebern gegenüber vermitteln sie damit auch ihre Wertmaßstäbe in Bezug auf das Eingehen von Kooperationen.

Einblick in das persönliche Wertesystem können Blogger und Influencer sowohl auf der Über-uns-Seite als auch im Media-Kit geben (s. Abschn. 5.5.4).

Best Practice Take Aways zu ethischen Aspekten

- Digitale Ethik stellt für das Blogger und Influencer Marketing die Weiterführung von Ansätzen der Medienethik dar und beschäftigt sich mit Fragen und Regeln rund um ein verantwortungsvolles Handeln in der Erstellung, Verbreitung und Wahrnehmung von Medien.
- Codes of Conduct und Kodizes schaffen Orientierung und fördern die Professionalisierung der gesamten Branche. Sie ermöglichen den Akteuren, ihr Handeln zu reflektieren. Insgesamt schaffen ethische Standards Vertrauen und zeigen auf, dass sich die Branche ihrer Verantwortung bewusst ist und sich dieser proaktiv annimmt.
- Glaubwürdigkeit ist das höchste Gut von Bloggern und Influencern. Aus diesem Grund sollten Blogger und Influencer für ihre persönlichen Werte einstehen und konsequent danach leben und handeln. Nur authentische Blogger und Influencer mit einer klaren und konsequenten Haltung können das Vertrauen ihrer Community langfristig für sich gewinnen.

Literatur

1. Langhart Nicole: Kodizes und Codes of Conduct: Ist Influencer Marketing überhaupt ethisch? (2021): https://marketing.ch/social-media-marketing/kodizes-und-codes-of-conduct-ist-influencer-marketing-ueberhaupt-ethisch/ Zugegriffen am 05.04.2023
2. Schmieder Dario: Digitale Ethik gewinnt an strategischer Relevanz (2022): https://fh-hwz.ch/news/digitale-ethik-gewinnt-an-strategischer-relevanz Zugegriffen am 05.04.2023

Teil II
Erfolgsfaktoren bei Kooperationen mit Bloggern und Influencern

Blogger und Influencer Marketing Strategie 5

Um Blogger und Influencer Marketing erfolgreich umsetzen zu können, muss man die Entstehung dieser Marketingform verstehen und die Stärken, Schwächen sowie Unterschiede zwischen Bloggern und Influencern kennen respektive die Chancen und Risiken dieses Instruments beurteilen können (s. Abb. 5.1).

Am Anfang des Strategieprozesses steht demnach immer die Frage: Macht die Zusammenarbeit mit einem Blogger oder Influencer Sinn? Kann der Blogger oder Influencer die Zielerreichung unterstützen? (s. Abschn. 1.4). Erst wenn diese Frage geklärt ist, kann man aufgrund der definierten Ziele den passenden Blogger oder Influencer identifizieren und analysieren und sich für eine passende Zusammenarbeitsform entscheiden.

Erfolgreiches Blogger und Influencer Marketing erfordert zudem Kenntnisse des Markts und der aktuellen Trends (s. Kap. 2) sowie der zu beachtenden rechtlichen Aspekte (s. Kap. 3) und zu respektierenden ethischen Werte (s. Kap. 4). Zudem müssen Auftraggeber in der Lage sein, den Standpunkt und die Sichtweise von Bloggern und Influencern einzunehmen [4, 7, 9].

5.1 Wissen, Erfahrung und die richtige Haltung

Für die Umsetzung einer wirkungsvollen und erfolgreichen Blogger und Influencer Marketing Strategie ist es entscheidend, dass sich nicht nur Blogger und Influencer, sondern auch Unternehmen und Agenturen als Auftraggeber laufend weiterbilden und professionalisieren, um die wahre Essenz dieses Marketinginstruments zu verstehen und erfolgreich umsetzen zu können. Unternehmen sollten verstehen, wie Blogger und Influencer funktionieren und was sie benötigen, um ihre Arbeit professionell ausführen zu können. Viel zu oft gehen

Blogger und Influencer Marketing – gesamtheitlich betrachtet

Verständnis für die Essenz des Blogger und Influencer Marketings
Gesetzliche Richtlinien und ethische Grundsätze kennen und respektieren
Markt und Trends kennen

Blogger
Influencer
Gesellschaft
Zielgruppe
Community
Unternehmen
Agenturen

- Blogger und Influencer Marketing Strategie
- Analyse der Ausgangslage und Zielsetzung
- Suche und Evaluation von Bloggern und Influencern
- Kontaktaufnahme und Auftragserteilung
- Kampagnenmanagement, Monitoring, Social Listening
- Erfolgskontrolle, Reporting, Analyse

Abb. 5.1 Blogger und Influencer Marketing gesamtheitlich betrachtet

Unternehmen und Agenturen davon aus, über alle notwendigen Kenntnisse zu verfügen und dass es sich bei dieser besonderen Marketingform im Prinzip um dasselbe handelt wie eine klassische Marketingstrategie. Dazu kommt, dass es noch wenige qualitativ hochwertige Weiterbildungsangebote in diesem Bereich gibt. Dies hat zur Folge, dass das Blogger und Influencer Marketing aus Unwissen und mangels Erfahrungen nicht korrekt sowie mit einer falschen Haltung umgesetzt wird. Dies hat zur Folge, dass Kooperationen nicht erfolgreich umgesetzt werden können, die Akteure mit dem Resultat und der Zusammenarbeit unzufrieden sind und die Schuld am Ende dem „schlechten Marketinginstrument" zuweisen.

> „Für Unternehmen und vor allem die Marketingabteilung ist es unabdingbar, zu wissen, wie Community-Inhalte ihre maximale Wirkung entfalten und zu verstehen, wie Blog-, Influencer und Social-Media-Plattformen erfolgreich genutzt werden. Die nötige Anwendungskompetenz holt man sich nicht nur beim ‚Doing'; um wirklich ein ‚Profi' zu werden und aus der Perspektive der integrierten Kommunikation eine Social-Media- respektive Influencer-Strategie für eine Organisation zu entwickeln, diese zu implementieren sowie laufend zu optimieren, sind relevante Weiterbildungen an Top-Schulen ein wichtiger Faktor."
> Claudio Dionisio/Unternehmer und Leiter SAWI Digital Academy (Schweiz), https://sawi.com

Um die richtige Erwartungshaltung gegenüber Blogger und Influencer Marketing einzunehmen, hilft ein Blick auf häufige Fehlüberlegungen und Missverständnisse, die dazu führen, dass sowohl Auftraggeber als auch Blogger und Influencer am Schluss der Kampagne mit dem erreichten Resultat nicht zufrieden sind und am Nutzen dieser Marketingform zweifeln.

Fehleinschätzungen in Bezug auf Blogger und Influencer Marketing

Blogger und Influencer Marketing funktioniert wie klassisches Marketing Der größte und entscheidendste Unterschied zwischen klassischem und Blogger und Influencer Marketing liegt darin, dass bei Letzterem nicht das Unternehmen, sondern die Blogger und Influencer selbst die Inhalte produzieren und die damit verbundenen Botschaften auch gleich selbst an die Zielgruppe übermitteln. Zudem werden die Blogger und Influencer nicht nur als Meinungsmacher eingesetzt, sondern auch als Multiplikatoren, die eine größere oder zusätzliche Zielgruppe zu derjenigen der Unternehmung erreichen können.

Fehlende Bereitschaft, gewissen Kontrollverlust zu akzeptieren Da im Blogger und Influencer Marketing nicht die Unternehmung, sondern der Blogger oder Influencer der Absender einer Botschaft ist, besteht ein Zielkonflikt in Bezug auf die Content-Erstellung: Das Unternehmen möchte den Inhalt möglichst vorgeben, der Blogger oder der Influencer setzt auf möglichst viel kreative Freiheit bei der Umsetzung. Er kann die Botschaft an seine Community nur glaubhaft transportieren, wenn er dies auf seine Art tun darf. Genau aus diesem Grund wurde er als Brücke und Sprachrohr zwischen Unternehmen und Zielgruppe evaluiert. (s. Abschn. 5.5). Werden die Vorgaben in Bezug auf die Inhalte vom Unternehmen oder – was fast öfter vorkommt – von der Agentur zu eng definiert, wird die größte Stärke von Bloggern und Influencern massiv verwässert. Entsprechend negativ wird sich dieses Verhalten auf die Zielerreichung auswirken.

(Implizite) Umsatzerwartung Die Umsetzung von Blogger und Influencer Marketing führt nicht primär zu einem unmittelbaren Umsatzwachstum. Dafür eignen sich andere Marketingformen besser. Mit Blogger und Influencer Marketing verfolgt man primär langfristige und nachhaltige Ziele wie Steigerung der Bekanntheit, Erhöhen der Sichtbarkeit, Bewusstsein für das Unternehmen und die Marke schärfen, Reputation und Image verbessern, Vertrauen schaffen und stärken. Über diese primären Ziele kann Blogger und Influencer Marketing langfristig zur Umsatzsteigerung beitragen.

Die Erfahrung zeigt, dass auch wenn Auftraggeber ihre Einstellung gegenüber dem Potenzial von Blogger und Influencer Marketing grundsätzlich verinnerlicht haben und die Zielsetzung für die Marketing Strategie entsprechend korrekt definieren bzw. mit dem Blogger oder Influencer korrekt vereinbaren, häufig doch eine unausgesprochene Erwartungshaltung seitens Auftraggeber in Bezug auf Umsatzsteigerung vorhanden ist. Entsprechend macht sich bei der Erfolgskontrolle (s. Abschn. 5.11) Enttäuschung breit, die auch vom Blogger oder Influencer nicht unbemerkt bleibt und dazu führt, dass die Zusammenarbeit von beiden Parteien gefühlsmäßig als unbefriedigend beurteilt wird.

Verblendung durch hohe Followerzahlen Auch wenn es unterdessen allgemein bekannt ist, dass es im Blogger und Influencer Marketing sehr stark darauf ankommt, welche Ziele verfolgt werden, besteht dennoch die Gefahr, dass man sich von Bloggern und Influencern blenden lässt, die über hohe Followerzahlen verfügen. Die Erfahrung zeigt, dass kleine Blogger und Influencer Mühe bekunden, ihre Wirksamkeit glaubhaft zu machen, da man ihr großes Potenzial – insbesondere in Nischen – verkennt (s. Abschn. 2.9).

Mangelnde Wertschätzung der Leistung von Bloggern und Influencern Blogger und Influencer verrichten Arbeit, die marktkonform honoriert werden muss. Evaluieren Unternehmen und Agenturen qualitativ hochwertige Kooperationspartner, so haben diese ihren Preis. Nach wie vor besteht bei Unternehmen und Agenturen einerseits Unkenntnis darüber, wie Blogger und Influencer Arbeit berechnet (s. Abschn. 5.7 bzw. wie diese angemessen vergütet werden muss und andererseits auch eine gewisse Abneigung, faire Preise zu bezahlen, weil immer noch die irrige Annahme kursiert, Blogger und Influencer sollen sich mit Samples u.ä. zufrieden geben. Eine mangelnde Wertschätzung gegenüber der Leistung von Bloggern und Influencern wirkt sich über kurz oder lang negativ auf ihr Involvement aus bzw. daraus folgend auch auf die Zielerreichung. Nicht nur, aber gerade bei Kooperationen, die auf einem beziehungsorientierten Ansatz (s. Abschn. 1.6 beruhen, ist eine faire Honorierung eine Selbstverständlichkeit.

Blogger und Influencer sind allein für den Erfolg oder Misserfolg verantwortlich (Umsetzung, Steuerung) Einer der wichtigsten Grundsätze im Blogger und Influencer Marketing lautet: Sowohl die Unternehmung oder die Agentur als auch der Blogger oder der Influencer tragen die Verantwortung für den Erfolg oder Misserfolg für die geplanten und umgesetzten Maßnahmen gemeinsam. Der Grundsatz der geteilten Verantwortung gilt auch für Aspekte

5.1 Wissen, Erfahrung und die richtige Haltung

wie das Einhalten der gesetzlichen Vorgaben und ethischer Richtlinien, die Distribution der produzierten Inhalte über möglichst viele Kanäle [1].

Macht die Arbeit mit einem Blogger oder Influencer Sinn, wird aufgrund der Marketingstrategie eine Kooperation vereinbart und umgesetzt. Zum Abschluss der Maßnahme wird die Erfolgskontrolle durchgeführt und gemeinsam mit dem Blogger oder Influencer analysiert.

> **Übersicht**
>
> Die wichtigsten Aspekte und Fragen einer Blogger und Influencer Marketing Strategie:
>
> - Über welches Wissen verfügen wir? Welche Kenntnisse und Erfahrungen haben wir? Setzen wir die Maßnahme selbständig um oder benötigen wir den Support einer Agentur?
> - Wie sieht die Ausgangslage aus? Wer sind wir? Welche sind unser Stärken/Schwächen,
> - Chancen/Gefahren? Welches sind die übergeordneten Geschäfts- und Marketingziele? Welche Ressourcen stehen uns zur Verfügung?
> - Welche Ziele wollen wir erreichen? Bekanntheit (Reichweite), Image (Engagement), Verkauf (Conversion)? Anhand welcher Größen messen wir den Erfolg?
> - Welche Zielgruppe möchten wir über welche Kanäle erreichen und auf welche Weise ansprechen?
> - Mit welchen Bloggern und Influencern erreichen wir die Ziele?
> - Welche Maßnahmen ergreifen wir wann, um ans Ziel zu kommen? Wie sieht unsere Kampagnenstrategie aus? Welche Content-Formate setzen wir wann um?
> - Wie organisieren wir uns? Wie begleiten und überprüfen wir die Umsetzung der Maßnahmen?
> - Wie sieht der Budgetrahmen aus?
> - Anhand welcher Kennzahlen überprüfen wir die Zielerreichung? Was müssen wir wie anpassen, um erfolgreicher zu werden?

5.2 Analyse der Ausgangslage

Das Selbstverständnis der Unternehmung selbst, ihre Werte, ihre Positionierung und ihre übergeordneten Ziele sind im Grunde genommen das entscheidende Kriterium für die Definition einer erfolgreichen Blogger und Influencer Strategie. Denn sie bilden die Grundlage für alle weiterführenden Entscheidungen im gesamten Marketingstrategieprozess. Sie spielen bei der Auswahl eines passenden Bloggers oder Influencers genauso eine zentrale Rolle wie bei der Definition der Zielgruppe, der Botschaften, der Tonalität, der Wahl der Kanäle oder der allgemeinen Herangehensweise.

5.3 Ziele und Messgrößen definieren

Am Anfang jeder Blogger und Influencer Kampagne steht die Definition von sinnvollen und realistischen Zielen, die sich nach den übergeordneten Geschäfts- oder Marketingzielen ausrichten und die über Blogger und Influencer Marketing auch erreicht werden können (s. Abschn. 5.1, „Fehleinschätzungen in Bezug auf Blogger und Influencer Marketing"). Darauf basierend werden gleichzeitig auch die Messgrößen definiert, anhand welcher die Erfolgskontrolle durchgeführt wird (s. Tab. 5.1).

Je smarter die Ziele definiert werden, umso einfacher fällt nach Abschluss der Kampagne die Erfolgskontrolle anhand der bestimmten Messgrößen aus. Deshalb müssen einerseits die Ziele sinnvoll und spezifisch, messbar, ausführbar, realistisch und terminiert sein, andererseits müssen die Messgrößen auch tatsächlich das zuvor festgelegte Kampagnenziel abbilden und bestimmen können.

5.4 Zielgruppe und Kanäle bestimmen

Es ist sinnvoll, die Zielgruppe, die angesprochen werden soll, anhand von demografischen Daten sowie weiteren relevanten Eigenschaften zu definieren. Zum Beispiel:

- Altersgruppe
- Geschlecht
- Bildung, Beruf
- Lebensphase, Aufgaben

Tab. 5.1 Beispiele für Ziele und Messgrößen je nach Plattform und Kanal

Ziele	Beispiele	Messgrößen je nach Plattform und Kanal
Reichweiten-Ziele	Steigerung der Bekanntheit Erhöhen der Sichtbarkeit Traffic-Steigerung auf Webseite Vermittlung von Informationen zum Unternehmen Bewusstsein für Unternehmen oder Marke stärken Reputation und Image verbessern Vertrauen schaffen und stärken	Anzahl Leser oder Follower Reach, erreichte Leser oder Follower Visits, Unique Visits Impressions, Page Impressions Bounce Rate Klicks Story-Views
Engagement-Ziele	Interesse wecken in Dialog mit der Community treten Community zu Interaktionen motivieren Austausch mit Zielgruppe steigern, verbessern Rückmeldungen aus der Community erhalten Markteinblicke gewinnen durch Social Listening Kundenservice verbessern	Likes Shares Kommentare Merken Fragen Verweildauer Interaktionen auf Stories Teilnahme an Befragungen Kundenzufriedenheit Nutzen von Chatfunktion Teilnahme an Contests, Challenges
Conversion-Ziele	Handlungen auslösen Leads generieren Käufe auslösen Bewerber für offene Stellen gewinnen	Downloads von Dokumenten, Broschüren, Apps gelenkter Traffic, d. h. Link-Klicks, Besuche einer Webseite Besuche eines Standorts Nutzung von Promo-Codes Wettbewerbsteilnahmen Newsletter-Abonnemente Anmeldungen für Demo- oder Testversionen Ausfüllen Kontaktformular Anrufe durch Neukunden Anfragen durch bestehende Kunden Terminvereinbarungen Käufe

- Probleme, Herausforderungen
- Wünsche, Bedürfnisse
- Kaufkraft, Kaufverhalten, Lebensstil
- Motivation, Meinung, Ansicht
- Werte, Ideale
- Interessen, Hobbies
- Standort
- Sprache

Je nach Zielgruppe müssen die passenden Kommunikationskanäle definiert werden, damit die Ansprache und die Vermittlung der Botschaften zielgruppengerecht erfolgen kann (s. Tab. 5.2).

Tab. 5.2 Plattformen und Kanäle und deren Eigenheiten in Bezug auf Zielgruppen

Plattformen und Kanäle	Eigenheiten in Bezug auf Zielgruppe
Blog	Breite Zielgruppe, alle Altersgruppen, Information und Inspiration zu verschiedenen Themen wie Reisen, Kochen, DIY, Erziehung, Bücher u. v. m.
Facebook	Breite Zielgruppe, alle Altersgruppen, Kontaktpflege, Folgen von Seiten zur Information über spezielle Interessensgebiete, hohes Engagement in Form von Likes, Kommentaren, Shares
LinkedIn	Erwachsene Nutzer, die arbeitstätig sind, Business-Netzwerk für berufliche Kontakte, Austausch businessrelevanter Themen, fachspezifische B2B-Kommunikation, hohes Engagement in Form von Likes, Kommentaren, Shares
Pinterest	Kreative, meist junge, weibliche Nutzer, Inspiration sammeln für spätere Entscheidungen, positive Strahlkraft, Engagement in Form von Pinnen und Re-Pinnen
YouTube	Breite Zielgruppe, alle Altersgruppen, Information und Unterhaltung zu verschiedenen Themen
Instagram	Junge sowie erwachsene Nutzer, visuelle Inspiration für spätere Entscheidungen, Affinität für Online-Shopping, hohes Engagement in Form von Likes, Kommentaren, Shares über unterschiedliche Content-Formate (Posts, Stories, Reels)
TikTok	Gen Z, jüngste Zielgruppe, mehrheitlich weiblich, Unterhaltung, hohe tägliche Verweildauer

Abb. 5.2 Der richtige Blogger oder Influencer – die wichtigsten Kriterien

5.5 Passende Blogger und Influencer evaluieren

Sind Ziele, Zielgruppe und Kommunikationskanäle definiert, folgt die Suche nach passenden Bloggern oder Influencern. Der Schlüssel zu einer erfolgreichen Blogger und Influencer Marketingkampagne liegt in der Auswahl der zum Unternehmen und dessen Werte passende Kooperationspartner (s. Abb. 5.2).

5.5.1 Auswahlkriterien

Für eine erfolgreiche Kooperation ist es entscheidend, dass Blogger und Influencer nicht nur zum Unternehmen und dessen Werte, sondern auch zum Projekt und dessen Zielsetzung passen. Genauso wichtig ist es, dass Blogger und Influencer über eine engagierte Community verfügen, die eine möglichst hohe Übereinstimmung mit der für die Unternehmung relevanten Zielgruppe aufweist. (s. Abschn. 2.10) sowie in der Lage sind, qualitativ hochwertige Inhalte zu produzieren (s. Abschn. 2.1) und breit zu distribuieren.

▶ Im besten Fall hat der Blogger oder Influencer schon vor Beginn einer Zusammenarbeit einen Bezug zum Unternehmen und allenfalls auch einschlägige Inhalte erstellt. Eine bereits bestehende Verbindung zwischen Auftraggeber und Auftragnehmer stellt eine glaubwürdige Grundlage dar für eine authentische Kooperation. Dies erhöht die Akzeptanz und das Engagement der Community und erleichtert generell die Umsetzung der definierten Maßnahmen, da bereits ein gegenseitiges Verständnis und Vertrauen vorhanden ist.

5.5.2 Suchkanäle

Um passende Blogger und Influencer zu finden, kann man die in Tab. 5.3 aufgelisteten Ansätze anwenden.

▷ Blogger und Influencer Suchtools, die teilweise auch die komplette Kampagnenabwicklung unterstützen, findet man auf der Zusammenstellung von Reachbird und Storyclash: https://bit.ly/3XYmmDL [6].

▷ Die Evaluation passender Blogger und Influencer stellt eine große Herausforderung dar, die Kenntnisse, Erfahrung und Zeit bedarf. Es lohnt sich, diesen wichtigen Prozessschritt gewissenhaft anzugehen, da er einer der zentralen Erfolgsfaktoren einer erfolgreichen Blogger und Influencer Marketing Strategie darstellt.

Tab. 5.3 Kanäle für die Suche von Bloggern und Influencern

Google	Insbesondere bei der Suche nach Bloggern sinnvoll;
Blogverzeichnisse, Netzwerke	Reine Social Media Influencer ohne eigene Online-Plattform sind schwer über Google auffindbar und in der Regel weniger in Netzwerken vernetzt
Hashtags	Macht insbesondere bei der Suche nach Social Media Influencern Sinn; Findet man passende Influencer, erhält man von der Plattform (Instagram, TikTok) automatisch weitere Vorschläge, die ähnlich sind; Nachteil: bei Instagram ist eine länderspezifische Suche nicht möglich
Suchtools (siehe Tipp)	Ermöglichen Suche, nach Land, Kategorie, Followerzahl, Alter, Geschlecht und Zielgruppe; Qualitätsanalyse teilweise bereits erfolgt; Nachteil: die Market-Places sind noch nicht in allen DACH-Ländern verfügbar
Agentur	
Market Places bei TikTok oder Instagram	

5.5.3 Qualitätsanalyse

Über die verschiedenen Suchkanäle und mit Hilfe von Suchtools kann eine erste Auswahl passender Blogger und Influencer getroffen werden, welche die wichtigsten Kriterien erfüllen. Allerdings gibt es weitere qualitative und quantitative Faktoren, die für die definitive Auswahl der Kooperationspartner berücksichtigt werden müssen (s. Tab. 5.4). Die notwendigen Informationen müssen in der Regel aus den öffentlichen Insights, die Blogger und Influencer zur Verfügung stellen, zusammengetragen oder bei ihnen direkt eingeholt werden – zum Beispiel anlässlich der Kontaktaufnahme bei der Kooperationsanfrage (s. Abschn. 5.6).

Augenmerk auf Kooperationserfahrung
Die Frage nach der Erfahrung stellt sich insbesondere bei Kooperationen mit jungen Influencern, die vorwiegend auf TikTok unterwegs sind. Sie verfügen zwar zum Teil über sehr große Reichweiten und ein großes Kreativitätspotenzial, haben aber noch nicht viel Kooperations- und Lebenserfahrungen sammeln

Tab. 5.4 Evaluationsfaktoren für Blogger und Influencer

Qualitative	Bekanntheit
	Image
	Authentizität
	Themenkompetenz
	Affinität für die verschiedenen Social Media Kanäle
	Content-Tonalität
	Qualität und Engagement der Community
	Kommentare, Kommunikationskultur der Leser, Follower
	Markenumfeld
	Exklusivität
	Qualität von sponsored posts
	bisherige Kooperationspartner
	Kooperationserfahrung
	Einhaltung gesetzlicher Richtlinien (s. Kap. 3)
	Respektieren ethischer Standards (s. Kap. 4)
	Innovationsfähigkeit
Quantitative	Gesamtreichweite
	Streuverlust
	Engagementrate
	Publikationsregelmäßigkeit
	Anteil Werbung
	Kosten

können beziehungsweise haben ganz allgemein eine andere Einstellung zu Arbeit, Leistung, Termintreue etc. Dies kann sich erschwerend bis negativ auf die Umsetzung von Zusammenarbeiten auswirken. Bei Kooperationen mit jungen TikTok Influencern braucht es deshalb seitens Unternehmen oder Agentur umso mehr Erfahrung und Menschenkenntnisse, damit die Umsetzung einer Kampagne trotz verschiedener Grundhaltungen erfolgreich verlaufen kann [8].

5.5.4 Das Media-Kit – die Visitenkarte von Bloggern und Influencern

Professionelle Blogger und Influencer verfügen über ein Media-Kit, das sozusagen wie eine Visitenkarte fungiert und die wichtigsten Angaben zur Person, zur Arbeitsweise und Positionierung enthält. Auftraggeber können sich über das Media-Kit einfach und schnell ein Bild über den möglichen Kooperationspartner, seine Fähigkeiten, Referenzen und Kennzahlen machen und abschätzen, ob eine Zusammenarbeit grundsätzlich in Frage kommt (s. Abb. 5.3).

> **Übersicht**
> Beispiele für Informationen, die ein aussagekräftiges Media-Kit enthalten sollte:
>
> - Logo
> - Vorstellung Person, Blog, Social Media Kanäle
> - Bilder
> - Werte, Stärken, Zielgruppen, Mehrwert, USP
> - Referenzen, Testimonials
> - Leistungsangebot, Kooperationsformen
> - Kanäle und Reichweiten
> - Zielgruppen, Demographie
> - fakultativ Richtpreise
> - Kontakt

Immer öfter geben Blogger und Influencer in ihren Media-Kits keine Auskunft mehr über Richtpreise für ihre Leistungen, da sie diese je nach Auftrag maßgeschneidert errechnen (s. Abschn. 5.7).

5.5 Passende Blogger und Influencer evaluieren

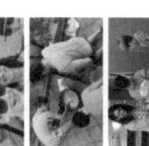

Abb. 5.3 Das Media-Kit – die Visitenkarte von Blogger und Influencer

Je nachdem können Auftraggeber das Media-Kit direkt von der Webseite des Bloggers oder Influencers herunterladen oder dieses beim Blogger oder Influencer einfordern. Im Falle einer Kontaktaufnahme durch die Blogger oder Influencer im Sinne einer Akquisition senden diese ihr Media-Kit zusammen mit einer Projektidee an Unternehmen oder Agenturen.

▶ Blogger und Influencer finden im Netz zahlreiche kostenlose Vorlagen für Media-Kits, die sie mit Tools wie Canva einfach und schnell personalisieren können.

5.5.5 Zu viele Blogger oder Influencer verderben den Brei

Je nach Ausgangslage und Zielsetzung (s. Abschn. 5.3) kann es für Unternehmen Sinn machen, einen Mix aus mehreren Bloggern oder Influencern zu wählen, die einzelne Teilziele mit verschiedenen Ansätzen sowie über verschiedene Plattformen verfolgen. So können zum Beispiel Influencer mit großen Reichweiten auf den Sozialen Medien in erster Linie für Aufmerksamkeit und Blogger mit weiterführenden vertiefenden Beiträgen hauptsächlich für eine nachhaltige Wirkung der Maßnahmen sorgen.

Allerdings gilt es zu beachten, dass je mehr Blogger oder Influencer für dieselbe Kampagne zeitgleich aktiv werden, umso mehr das Risiko steigt, dass

- der Content an Einzigartigkeit und somit an Bedeutung verliert,
- die einzelnen Beiträge in der Masse an produzierten Inhalten gar untergehen und
- die verschiedenen angesprochenen Communities eine Schnittmenge aufweisen und der auf verschiedenen Plattformen überall gegenwärtige Content auf alle ermüdend oder gar als Spam wirkt.

▶ **Wichtig**
Bei der Überlegung, wieviel Blogger oder Influencer die Kampagne unterstützen sollen, gilt der Grundsatz: Weniger ist mehr. Und zwar sowohl aus der Sicht des Auftraggebers als auch aus der Sicht des Bloggers oder Influencers.

Für Blogger und Influencer lohnt es sich, bei Kooperationsanfragen den Auftraggeber zu fragen, mit wie vielen Bloggern und Influencern die Kampagne umgesetzt werden soll und die daraus resultierenden Vor- und Nachteile abzuschätzen.

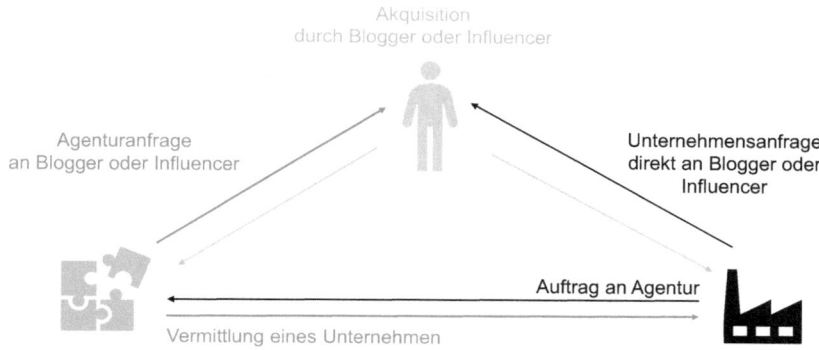

Abb. 5.4 Verschiedene Wege führen zum Erstkontakt

5.6 Kontaktaufnahme und Kooperationsanfrage

Die Kontaktaufnahme mit dem passenden Blogger oder Influencer (s. Abschn. 5.5.3) kann auf verschiedene Wege erfolgen (s. Abb. 5.4):

- Das Unternehmen geht den Blogger oder Influencer direkt an.
- Das Unternehmen beauftragt eine Agentur, einen Blogger oder Influencer zu finden. In der Folge geht die Agentur auf den Blogger oder Influencer zu.
- Der Blogger oder Influencer nimmt im Sinne der Akquisition direkt mit einem Unternehmen oder mit einer Agentur Kontakt auf.

Ist der passende Blogger oder Influencer für die geplante Kooperation gefunden, erfolgt die Kontaktaufnahme am besten via E-Mail. Auf diesem Weg kann man den Blogger oder Influencer persönlich ansprechen, ihm die Kooperationsidee verständlich erklären und ein Angebot unterbreiten oder ihn selbst um ein Angebot ersuchen.

> **Übersicht**
> Die Kooperationsanfrage sollte folgende Informationen enthalten:
>
> - Grund für Anfrage kurz und bündig in der Betreffzeile zusammenfassen
> - Vorstellung der Unternehmung, der anfragenden Person

- Individueller Grund, weshalb der Blogger oder Influencer angeschrieben wird, weshalb er für eine Zusammenarbeit in Frage kommt
- Beschreibung der Kooperation (Ziel, Maßnahmen, Kanäle)
- Chancen der Kooperation mit Blogger oder Influencer
- Angebot oder Offertanfrage
- Termin für Rückmeldung
- Verabschiedung

No-Gos bei der Kontaktaufnahme sind standardisierte Massenmails an verschiedene Blogger oder Influencer, kurzgehaltene Anschreiben über Chat oder Direct Message, fehlende persönliche Ansprache, kein individueller Bezug auf den Blogger oder Influencer und seine Stärken und weshalb er für die Kooperation in Frage kommt, keine klare Beschreibung der Kooperationsidee.

Diese Vorgehensweise gilt auch für Blogger und Influencer, die sich im Sinne von Akquisition von sich aus an Unternehmen oder Agenturen wenden.

▶ **Wichtig**
Egal, wer den ersten Schritt macht: Es lohnt sich, bei einer Kooperationsanfrage Höflichkeit, Respekt und Professionalität an den Tag zu legen, um damit bereits den ersten Grundstein für eine längerfristige Partnerschaft auf Augenhöhe zu legen.

Gleichzeitig ist es auch eine Selbstverständlichkeit, dass sowohl Unternehmen und Agenturen als auch Blogger und Influencer jede an sie gerichtete persönliche und anständige Anfrage beantworten und auch bei Absagen Professionalität und Anstand wahren.

Der Erstkontakt ist ein entscheidender Prozessschritt und ist oft ausschlaggebend dafür, ob es zu einer Rückmeldung beziehungsweise in der Folge zu einer Kooperation kommt oder nicht.

5.7 Offerte, Preisgestaltung und Vergütungsmodell

Budget, Preise, Offerte und Gegenofferte sind bereits beim ersten Kontakt (s. Abschn. 5.6) zwischen Auftraggeber und Auftragnehmer ein Thema. Deshalb ist es wichtig zu verstehen, wie Blogger und Influencer ihre Preise berechnen beziehungsweise mit welchen Kosten für die Umsetzung einer Kampagne gerechnet werden muss. Denn obwohl sich Blogger und Influencer Marketing als Disziplin etabliert hat, gibt es in Sachen Preisgestaltung immer noch viele Fragen, Unklarheiten und Missverständnisse. Fehlende Kenntnis, wie eine Offerte für eine Zusammenarbeit zustande kommt und welche Aufwands- beziehungsweise Kostenkomponenten sie enthält, führt leider immer noch sehr oft dazu, dass die Preise, die Blogger und Influencer für ihre Leistung offerieren, undifferenziert als zu hoch abgestempelt werden und die Vorurteile rund um Blogger und Influencer zementieren (s. Abschn. 1.5).

5.7.1 Preisgestaltung

Der Preis einer Blogger oder Influencer Maßnahme setzt sich grundsätzlich aus zwei Komponenten zusammen – dem Arbeitsaufwand, also den Kosten für die Produktion des Inhalts und die Distribution über die verschiedenen Social Media Kanäle sowie dem Preis für den Zugang zu dessen Community und die entsprechende Nutzung seiner Kanäle für Werbezwecke.

Für die Produktion der Inhalte rechnen Blogger und Influencer mit einem individuellen Stundensatz für ihre Arbeit und multiplizieren diesen mit der Anzahl Stunden, die sie für die Content-Erstellung einsetzen müssen.

> **Übersicht**
> Die Produktion von Inhalten kann folgende Aufwands- bzw. Kostenkomponenten beinhalten:
>
> - Recherche
> - Interview
> - Behind the scenes
> - Textproduktion für Blog, Captions für Social Media
> - Bild- und/oder Videoproduktion
> - Materialkosten für Content-Produktion (z. B. Lebensmittel oder Bastelmaterial)
> - Rezeptentwicklung, DIY-Tutorial
> - Aufwand für Distribution der Content Pieces über Social Media Kanäle
> - Interaktion mit Community (Fragen beantworten, auf Kommentare reagieren)
> - Reporting, Analyse
> - Media Buyouts

- Pauschale für Vorträge, Schulungen, Teilnahme an Workshops, Events u. ä.
- Reisespesen, Verpflegungskosten

Für die Distribution ihrer Inhalte verrechnen Blogger und Influencer meist einen Tausenderkontaktpreis. Er gibt an, wieviel Geld eingesetzt werden muss, um 1000 Personen zu erreichen. Die Kosten sind je nach Social Media Kanal unterschiedlich und richten sich stark nach aktuellen Trends auf dem Markt (Tab. 5.5).

Je höher die Reichweite oder das Engagement und je angesagter der Kanal, umso höher die Tausenderkontaktpreise. Genauso wichtig für den anzuwendenden Preis ist die Qualität des Bloggers oder Influencers und seine Engagementrate. Blogger und Influencer mit höheren Engagementraten (s. Abschn. 5.5.3) können tendenziell einen höheren Preis offerieren als im umgekehrten Fall [3, 5, 11].

5.7.2 Vergütungsmodell

Die Vergütung kann erfolgs- oder leistungsbezogen erfolgen. In beiden Fällen ist es wichtig, dass Kooperationen fair engolten werden. Wo sinnvoll und passend kann die Vergütung auch über einen Mix der verschiedenen Modelle getätigt werden:

Tab. 5.5 Richtpreise für TKP im DACH-Raum. (Quellen: Reachbird, acquisa, Storyclash, podcastmarketing)

Plattform	Tausenderkontaktpreis in Euro
Blog	30–90
YouTube	45–50
Instagram	15–25
Linkedin	15–30
TikTok	15–18
Twitter	1–3
Facebook	6–12
Podcast	700–1000
Pinterest	30
Newsletter	10

5.7 Offerte, Preisgestaltung und Vergütungsmodell

Leistungsbezogene Vergütung

Da mittels Blogger und Influencer Marketing das Erreichen eines bestimmten Ziels nicht vollumfänglich gewährleistet werden kann und der Kooperationsvertrag als Auftrag einzuordnen ist (s. Abschn. 5.8), wird in den meisten Fällen eine leistungsbezogene Vergütung vereinbart, die sich aus Produktionskosten des Contents und Nutzung der Social Media Kanäle des Bloggers oder Influencers zusammensetzt. (s. Abschn. 5.7).

Erfolgsbezogene Vergütung

Grundsätzlich kann die Vergütung auch vom Erfolg der Kampagne abhängig gemacht werden, zum Beispiel durch Auswertung von Engagement- oder Conversion Rates. Da das Erreichen der entsprechenden Zielvorgaben allerdings nicht nur von der Leistung des Bloggers oder Influencers abhängig ist, sondern auch von anderen, zum Teil auch Auftraggeber seitige Faktoren, bestimmt wird (schlechte Qualität des beworbenen Produkts oder Dienstleistung, zu hoher Preis, falscher Zeitpunkt, falsche Marketing Strategie allgemein), kann eine reine erfolgsbezogene Vergütung unfair ausfallen. Oft lassen sich auch gerade auf Stufe Conversion nicht alle Transaktionen genau tracken, die allenfalls – auch zu einem deutlich späteren Zeitpunkt – noch erfolgen können und auf die umgesetzte Blogger oder Influencer Maßnahme zurückzuführen sind. Soll die Erfolgskomponente honoriert werden, kann eine Kombination von leistungs- und erfolgsbezogener Vergütung, also ein Grundhonorar für die Erstellung und Publikation der vereinbarten Inhalte plus eine Incentivierung für das Erreichen eines bestimmten Engagement- oder Conversion-Ziels sinnvoll und auch motivierend sein (s. Abb. 5.5).

▶ **Wichtig**
Immer wieder wird bei Kooperationsanfragen davon ausgegangen, dass Blogger und Influencer ihre Arbeit preisgünstig bis gar kostenlos anbieten (sollen). Können/sollen/dürfen Blogger und Influencer auch zu Dumpingpreisen oder gar gratis arbeiten?
   Selbstverständlich können sich Blogger und Influencer freiwillig dafür entscheiden, ihre Leistung günstig oder kostenlos anzubieten, zum Beispiel wenn …

- sie ihre Arbeit im Sinne von Akquisitionsaufwand oder als Versuchs- oder Referenzprojekt kostenlos anbieten möchten
- ein passender, fairer Barterdeal als Vergütung in Frage kommt

Beispiel für die Preisberechnung

Offerte Kooperation					
Content-Produktion	**h**	**Stundensatz**	**pauschal**	**Total**	
Interview	2	100		200	
Blogbeitrag	8	100		800	
Publikation auf So-Me	4	100		400	
Reisespesen			50	80	
Reporting	2	100		200	
Subtotall				1680	
Nutzung So-Me-Kanäle		**Reichweite**	**CPT**		
1 Blogpost		10000	60	600	
2 Instagram Posts		4800	20	192	
1 Instagram Story		1000	25	25	
2 Facebook Posts		15000	12	360	
2 Linkedin Posts		500	30	30	
Subtotal II				1207	
Total				**2887**	

Abb. 5.5 Beispiel für die Preisberechnung für eine Blogger-Maßnahme

- sie Start Ups, Non Profit Organisationen oder besondere, ideelle Kampagnen unterstützen möchten
- sie eine andere Art der Gegenleistung, zum Beispiel Content gegen Reichweite als passend und fair betrachten

Allerdings stellt Blogger und Influencer Aufwand eine Arbeitsleistung dar, die fair entschädigt werden muss. Ein Blick auf die Aufgaben, die Blogger und Influencer beherrschen, sowie auf die Kompetenzen, über die sie verfügen müssen, bekräftigt diesen Anspruch (s. Tab. 2.3). Alles andere entspricht weder marktwirtschaftlichen Regeln noch Grundsätzen von Zusammenarbeiten auf Augenhöhe.

5.8 Kooperationsvertrag und Briefing

Der Kooperationsvertrag und das Briefing als integrierender Bestandteil regeln die Zusammenarbeit zwischen dem Auftraggeber und dem Blogger oder Influencer. Da mittels Blogger und Influencer Marketing das Erreichen eines bestimmten Ziels nicht vollumfänglich gewährleistet werden kann, ist der Vertrag als Auftrag einzuordnen.

5.8.1 Braucht es einen Kooperationsvertrag?

In den Anfängen des Blogger und Influencer Marketings, als vor allem noch der geschenkbasierte Ansatz (s. Abschn. 1.6) als Zusammenarbeitsform zur Anwendung kam, wurde meist ohne vertragliche Grundlage gehandelt. Fehlende Abmachungen können sich allerdings für beide Seiten nachteilig auswirken, weil die gegenseitigen Erwartungen nicht klar formuliert wurden. Demgegenüber regelt eine schriftliche Vereinbarung die Zusammenarbeit, Aufgabenteilung und Verantwortung der an der Kooperation involvierten Parteien, klärt rechtliche Aspekte, vermeidet Unklarheiten und Probleme. Sie gibt allen Akteuren klare Regeln und Leitplanken vor und ist ein Mittel, um während der Kampagnenumsetzung die Inhaltskontrolle des Contents sicherzustellen und am Ende die Zielerreichung zu beurteilen. Eine schriftliche Vereinbarung stellt sicher, dass die Kooperation konzeptionell und zielgerichtet angegangen werden kann. Keine schriftliche Vereinbarung ist heute keine Option mehr, da man so – wie beim nicht mehr empfohlenen geschenkbasierten Ansatz als Kooperationsform – keinen Einfluss auf die Zusammenarbeit hat. Sobald seitens Auftraggeber Erwartungen an die Kooperation und Zielerreichung gestellt und vom Blogger oder Influencer Gegenleistungen erwünscht werden, müssen diese vertraglich festgehalten werden.

5.8.2 Was beinhaltet der Kooperationsvertrag?

Je nach Art und Weise, wie die Kooperation zustande gekommen und ob eine Agentur involviert ist, kann das Vertragswerk zweiteilig sein – also aus einer optionalen Rahmenvereinbarung zwischen der Agentur und dem Blogger oder Influencer sowie einem Kooperationsvertrag inklusive Briefing als integrierender Bestandteil zwischen dem Unternehmen und dem Blogger oder Influencer bestehen.

Optionale Rahmenvereinbarung
Eine Rahmenvereinbarung zwischen der Agentur und dem Blogger oder Influencer regelt die allgemeine Zusammenarbeit zwischen den beiden Akteuren und macht vor allem dann Sinn, wenn der Blogger oder Influencer über dieselbe Agentur mehrere Kooperationen mit verschiedenen Auftraggebern eingeht. Die Grundvereinbarung ist integrierender Bestandteil des entsprechenden individuellen Kooperationsvertrags und wird bei Bedarf, zum Beispiel jährlich, erneuert.

> **Übersicht**
> Beispiel für Regelungen in einer Rahmenvereinbarung zwischen Agentur und Blogger oder Influencer:
>
> - Geltungsbereich
> - Vertragsabschluss
> - Leistungsumfang
> - Pflichten der Agentur
> - Pflichten des Bloggers, des Influencers
> - Vergütungen, Zahlungsbedingungen, Spesen
> - Rechnungstellung, Sozialversicherungsleistungen
> - Immaterialgüterrechte, Rechte am Dienstleistungs- und Arbeitsergebnis
> - Geheimhaltung, Datenschutz
> - Vertragsdauer, vorzeitige Beendigung
> - Anwendbares Recht, Gerichtsstand

Individueller Kooperationsvertrag
Der individuelle Kooperationsvertrag stützt sich – wenn vorhanden – auf die Rahmenvereinbarung. Er regelt die Zusammenarbeit zwischen dem Auftraggeber und dem Blogger oder Influencer.

> **Übersicht**
> Beispiel für Regelungen in einem Kooperationsvertrag zwischen Auftraggeber und Blogger oder Influencer:
>
> - Parteien
> - Kampagnenidee, Guidelines, Ethik-Kodex, Code of Conduct

5.8 Kooperationsvertrag und Briefing

- Auftrag, Ziele, erwartete Leistung, Botschaften, Anzahl Content Pieces
- Erfolgskontrolle, Reporting, KPIs
- Vergütungen, Barterdeal, Zahlungsbedingungen, Spesen
- Rechnungstellung, Sozialversicherungsleistungen
- Sorgfaltspflicht
- Nutzungsrechte für Bild- und Textmaterial
- Exklusivität, Konkurrenzverbot, Sperrfristen, Diskretion
- Transparenz, Werbekennzeichnung
- Umgang mit Hater/Shitstorm
- Nichterfüllung, Beendigung
- Gerichtsstand

Briefing als integrierender Bestandteil
Während der Kooperationsvertrag kurz gesagt die Ausgangslage, die Ziele und die Rahmenbedingungen der Zusammenarbeit definiert, ist das Briefing als integrierender Bestandteil der Kooperationsvereinbarung mit einer Anleitung zu vergleichen, welche die Umsetzung des Auftrags im Detail regelt. Mit einem Briefing wird sichergestellt, dass die Parteien wissen, auf welche Art und Weise der Content produziert, distribuiert und kontrolliert wird.

Übersicht
Beispiel für Elemente, die in einem Briefing definiert werden:

- Ausgangslage, Zielsetzung und Ablauf der Kampagne
- Botschaften, Keywords, Key Messages, sekundäre Messages
- Format und Umfang der Content Pieces
- Kanäle
- Take Over
- Dauer, Frequenz, Termine
- Wording, Dos & Dont's, No-Gos, Tonalität
- Content Approval Prozess
- Hashtags, Tags
- CTA, (Tracking-)Links
- Werbekennzeichnung
- Gewinnspiel

- Leseraktionen (Gutscheine, Rabattcodes)
- Umgang mit Fragen, Reaktionen aus Community
- KPI, Reporting

Wie überall, wo mehrere Parteien zusammenarbeiten und ein Ziel gemeinsam erreichen wollen, entstehen Spannungsfelder in Form von Ziel- und Interessenskonflikten (s. Abb. 5.6). Während die Unternehmung in erster Linie die gesetzten Ziele erreichen und dabei möglichst die Kosten minimieren will, möchte der Blogger oder Influencer seinen Auftrag mit möglichst viel Umsetzungsfreiheit erfüllen und seiner Community einen Mehrwert in Form von Informationen, Inspiration oder aber auch Leserangeboten bieten. Für seine Leistung möchte er ein angemessenes Honorar erhalten. Der Blogger oder Influencer möchte ebenfalls eine gewisse Exklusivität genießen und nicht Teil einer Massenkampagne mit unzähligen anderen Bloggern und Influencern sein. Selbstverständlich möchte er das Ziel genauso wie der Auftraggeber erreichen und diesem am Schluss der Maßnahme ein gutes Resultat vorzeigen. Die allenfalls involvierte Agentur steht zwischen Auftraggeber und Auftragnehmer und muss einerseits die Interessen der Unternehmung als auch diejenigen der Blogger und Influencer wahrnehmen.

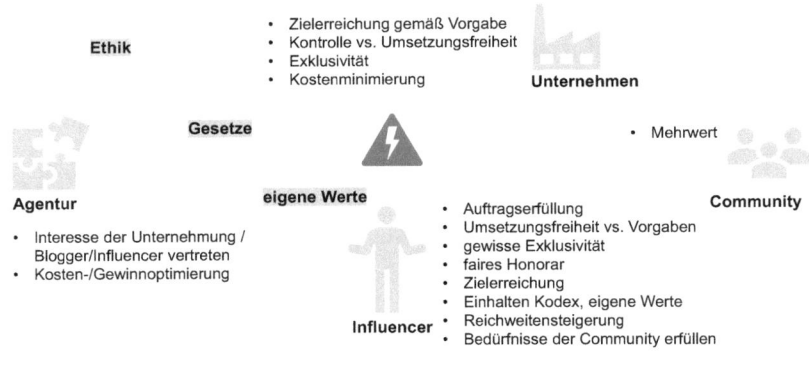

Abb. 5.6 Ziel- und Interessenskonflikte bei Kooperationen

▶ **Wichtig**
Es gibt keine abschließende Liste der Punkte, die im Kooperationsvertrag und im Briefing festgehalten werden sollen. Aufgrund der unterschiedlichen Ausgangslagen müssen Kooperationsverträge und Briefings mit Bloggern und Influencern stets individuell aufgesetzt werden und auch selbstverständlich erscheinende Informationen festhalten, um Unklarheiten bei der Umsetzung und mögliche Streitigkeiten zu vermeiden.

Als Unterstützung bei der Erstellung findet man im Netz verschiedene Muster. Bei Unsicherheiten kann man den Beizug von Blogger und Influencer Agenturen prüfen.

5.9 Planung der Kampagnenstrategie

Vor der Umsetzung der Kampagne müssen alle Aktivitäten geplant werden, welche der Blogger oder Influencer umsetzen muss, um die Botschaften zu verbreiten und das Kampagnenziel zu erreichen. Dabei richtet man sich nach den Fähigkeiten des Bloggers oder Influencers und den Möglichkeiten, welche die Plattformen bieten, die der Blogger oder Influencer betreibt.

Übersicht
Kampagnenstrategien für die primäre Zielerreichung:

- Blog-Kampagne (Text, Bild)
- Social Media Kampagne (Posts, Stories, Reels, Lives, Co-Creation Posts)
- Kombinationen aus Blog- und Social Media Kampagnen (s. Abschn. 2.6)
- Produkt-Test, zum Beispiel mit Umfragen, um Potenzial von Rückmeldungen aus der Community nutzen zu können
- Reisereportage
- Interview
- Behind the Scenes
- Unboxing

Flankierende Maßnahmen, um sekundäre oder tertiäre Ziele zu erreichen:

- Organische Reichweite des Bloggers oder Influencers durch Interaktionen seitens Auftraggeber (Likes, Kommentare, Shares) unterstützen und Algorithmus positiv beeinflussen
- Organische Reichweite des Bloggers und Influencers mit Ads-Push kombinieren und unterstützen
- Produzierter Content möglichst vielseitig nutzen und verwerten, zum Beispiel Distribution auch über Unternehmensseite, Unternehmens-Newsletter
- weitere Maßnahmen außerhalb von Blog und Social Media, wie z. B. Generieren von Presseberichten, Auftritte an Podiumsdiskussionen, Eventteilnahmen
- Verlängern des Lebenszyklus von Content durch regelmäßige Aktualisierung und Wiederverwendung (Lebensdauer von Inhalten s. Tab. 5.6)

Genauso wie jede Ausgangslage und jede Zielsetzung unterschiedlich sind, genauso unterschiedlich können die Maßnahmen ausfallen. Eine sinnvoller Mix

Tab. 5.6 Lebensdauer von Inhalten auf verschiedenen Plattformen und Medien

Plattform/Kanal	Lebensdauer
Blog	Mehrere Jahre
Pinterest	Saisonal über mehrere Jahre
Podcast	Mehrere Monate und länger
YouTube	20 und mehr Tage
LinkedIn	Ein bis zwei Tage
Instagram	Ein bis zwei Tage
Facebook	Ein paar Stunden
TikTok	Eine Stunde
Twitter	Ein paar Minuten
Newsletter	
Berichterstattung Printmedien	
Berichterstattung Radio, TV	

aus verschiedenen Beitragsarten und Plattformen – auch analoge – stellt die Basis dar für eine erfolgreiche Kampagnenstrategie, die primäre sowie sekundäre oder tertiäre Ziele verfolgt.

▶ Bei der Planung und Umsetzung soll auch die Erfahrung der Blogger und Influencer berücksichtigt werden. Sie kennen ihre Community am besten, wissen, was am besten funktioniert und können wertvolle Inputs aus anderen Kooperationen einbringen. Gemeinsam entwickelte Maßnahmen können Synergieeffekte entwickeln und weisen ein größeres Erfolgspotenzial auf.

5.10 Steuerung, Monitoring und Social Listening – Risiken minimieren, Chancen nutzen

Die Steuerung und das Monitoring sind zentrale Erfolgsfaktoren der Blogger und Influencer Marketing Strategie. Auch mit einer professionellen Planung und Vorbereitung können während der Umsetzung einer Zusammenarbeit unvorhergesehene Herausforderungen entstehen. Blogger und Influencer Marketing erfolgt in einem äußerst dynamischen Umfeld, in dem sich auch ungeplante Reaktionen sehr schnell verbreiten. Deshalb müssen laufende Kampagnen während der gesamten Umsetzungsdauer durch den Auftraggeber aktiv mitverfolgt und begleitet werden. Auch wenn Blogger und Influencer bei der Umsetzung ihrer Arbeit über möglichst viel kreative Freiheit verfügen sollen, muss die Kampagne durch den Auftraggeber koordiniert werden, das Einhalten der vereinbarten Termine, die Qualität der Inhalte überwacht und auf Erfüllung der gesetzlichen und ethischen Rahmenbedingungen geprüft sowie die Reaktionen aus der Zielgruppe mittels Tracking von Schlüsselbegriffen beobachtet werden. Während des Verlaufs der Kampagne können kritische Kommentare oder Fragen aus der Community entstehen, die rasch und kompetent beantwortet werden müssen. Über das Monitoring kann nicht nur der Verlauf und die Wirkung der Kampagne verfolgt und beobachtet werden, sondern auch die Kommunikation zur Zielgruppe verbessert werden.

Die Steuerung und das Monitoring sollten nicht nur zur Risikominimierung oder Krisenvorbeugung erfolgen, sondern auch um Chancen zu nutzen. Mit einem sorgfältigen Monitoring können während der Kampagne Konversationen aus Social Media herausgefiltert werden, die für das Unternehmen relevant sind, Auskunft über neue Trends geben oder Informationen zur Konkurrenz liefern sowie zu neuen Leads und Kunden führen können. Ein gutes Monitoring ist die

Voraussetzung für Social Listening. Damit geht es einen Schritt weiter. Die Daten werden nicht nur erhoben, um darauf zu reagieren, sondern um sie zu analysieren und die Marketingstrategie zu optimieren. Es lohnt sich, sich nicht nur auf die Steuerung und das Monitoring im Sinne eines Frühwarnsystems zu beschränken, sondern mit Social Listening einen Schritt weiterzugehen, zum Beispiel einen sich abzeichnenden Trend aufzugreifen, die Konsumentenstimmung im Blick zu behalten und mit den Erkenntnissen aus dem Monitoring neue Ansätze in neue Kampagnen einfließen zu lassen.

Die Vorteile und Potenziale von Steuerung, Monitoring und Social Listening sind:

- Zielgerichteter Ablauf der Kampagne: Die sorgfältige Steuerung und das aufmerksame Monitoring garantieren die Umsetzung gemäß Vereinbarung und Briefing.
- Frühwarnsystem: Die Entstehung möglicher Shitstorms kann identifiziert werden. Damit ergibt sich die Chance, frühzeitig einzugreifen und die Situation zu entschärfen.
- Verbesserung und Intensivierung der Kommunikation mit der Zielgruppe: Fragen zur Unternehmung und zu ihren Produkten können direkt beantwortet werden. Dadurch können Kundenservice und Kundenbindung gestärkt werden.
- Verbesserung und Weiterentwicklung von Produkten und Dienstleistungen: Die Rückmeldungen aus der Zielgruppe fließen in die Produktentwicklung ein.
- Leadgewinnung: An bestimmte Themen Interessierte können gezielt auf die Unternehmung und auf das Produkt aufmerksam gemacht werden
- Konkurrenz: Die Situation und das Verhalten der Mitbewerber liefern Informationen und Erkenntnisse für die eigene Arbeit.
- Gewinnung neuer Erkenntnisse, Ideenfindung: Trends, Konkurrenzsituation, Wünsche und Probleme der Zielgruppe liefern neue Ansätze für nächste Kampagnen.
- Blogger und Influencer Evaluation: Über Social Listening lassen sich auch neue Kooperationspartner für nächste Kampagnen entdecken, die über die Unternehmung, die Produkte oder die Kampagne kommunizieren.
- Daten für die Erfolgskontrolle: Die Beobachtungen, Erfahrungen und Erkenntnisse aus dem Monitoring fließen als qualitative Aspekte in die Erfolgskontrolle.

Auch wenn die Steuerung und das Monitoring der Kampagne in erster Linie Sache der Unternehmung oder der Agentur ist, liegt es auch in der Verantwortung der Blogger und Influencer den Verlauf der Kampagne aufmerksam zu verfolgen und

5.10 Steuerung, Monitoring und Social Listening – Risiken ...

relevante Beobachtungen mit dem Auftraggeber zu teilen. Auftraggeber und Auftragnehmer müssen während des gesamten Prozesses in einem ständigen Dialog bleiben und sich gegenseitig unterstützen, um Chancen und Risiken, die bei der Umsetzung entstehen, frühzeitig zu erkennen und darauf reagieren zu können sowie um gewonnene Erkenntnisse und Chancen im Sinne eines kontinuierlichen Verbesserungsprozesses in nächste Kampagnen einfließen zu lassen [2, 10].

▶ Der Erfolg der Kampagne hängt nicht nur von den Bloggern und Influencern ab. Mit einer sorgfältigen Steuerung und aufmerksamem Monitoring seitens Auftraggeber lassen sich gemeinsam mit den beteiligten Bloggern und Influencern Risiken und Schwachstellen während der Kampagne frühzeitig aufdecken und optimieren sowie Chancen und Potenziale nutzen und fördern.

Umgang mit Kritik und Shitstorms

Eine sorgfältige Kampagnenplanung und -steuerung sowie ein aufmerksames Monitoring bilden die Basis für ein Frühwarnsystem, das es ermöglicht, Shitstorms frühzeitig zu erkennen. Um Krisen möglichst abwenden oder zumindest entschärfen zu können, lohnt es sich, bereits im Voraus die wichtigsten Verhaltensregeln zu definieren und im Rahmen von Kooperationen mit den eingesetzten Bloggern und Influencern zu besprechen bzw. als Verhaltenskodes in den Kooperationsvertrags zu integrieren.

> **Übersicht**
> Beispiel für Verhaltensregeln im Umgang mit Kritik und Shitstorms:
>
> - Ruhe bewahren, Situation analysieren, Ursache für Kritik und Shitstorm identifizieren
> - Empathie zeigen, Kritik ernst nehmen
> - Reaktion, Erklärung, zum Vorfall stehen und sich bei Bedarf entschuldigen
> - allfällige Konsequenzen umsetzen (z. B. Fehlerquellen identifizieren, Verhaltensänderung, Schadenersatz, Beendigung Zusammenarbeit mit Blogger oder Influencer)
> - Update veröffentlichen, Zielgruppe über aktuellen Stand informieren
>
> Respekt, Empathie und Transparenz haben eine positive Wirkung auf die Bewältigung der Krise.

▶ **Wichtig**
Auch wenn die Kritik oder der Shitstorm aufgrund von Fehlverhalten seitens Blogger oder Influencer entsteht, übernimmt am Ende der Auftraggeber – die Unternehmung oder die Agentur – die Verantwortung genauso dafür. Deshalb ist es entscheidend, dass die Kampagnenplanung und -steuerung möglichst sorgfältig angegangen wird und mögliche Stolpersteine bereits im Voraus aus dem Weg geräumt werden.

Zudem sollten alle Akteure aus den Erfahrungen lernen und die Erkenntnisse dazu nutzen, bei nächsten Kampagnen nicht dieselben Fehler zu begehen.

5.11 Die Erfolgskontrolle

Die Erfolgskontrolle beinhaltet quantitative wie qualitative Aspekte. Sie richtet sich in erster Linie nach den definierten Zielvorgaben und Messgrößen (s. Tab. 5.1), berücksichtigt aber auch Beobachtungen und Erkenntnisse im Sinne eines kontinuierlichen Verbesserungsprozesses aus dem Monitoring. Welche spezifischen Daten Blogger und Influencer ins Reporting einfließen lassen, hängt von den definierten Zielen und damit verbundenen Kennzahlen ab.

Die meisten Key Performance Indicators (KPI) müssen über entsprechende Tools – zum Beispiel GA4 oder Insightsfunktionen von Instagram und Facebook – seitens Blogger und Influencer erhoben werden. Diese stellen ihre Insights für den Auftraggeber in Form eines übersichtlichen Reportings zusammen, analysieren ihrerseits die Zielerreichung, vergleichen und begründen sie, geben eine quantitative und qualitative Interpretation ab sowie eine persönliche Würdigung der Zusammenarbeit – allenfalls mit Optimierungsmöglichkeiten und Handlungsempfehlungen für eine nächste Durchführung oder Weiterentwicklung der Kooperation.

Übersicht
Beispiel für den Aufbau eines Reportings durch Blogger und Influencer:

1. Kurze Zusammenfassung der Ausgangslage und der angestrebten Ziele
2. Kurzer Überblick über die wichtigsten Ergebnisse
3. Detaillierte Zusammenstellung der KPI mit Hilfe von

5.11 Die Erfolgskontrolle

- z. B. Google Analytics Auswertungen für
  - Blogposts
  - Besucherzahlen
  - Verweildauer
  - Verhalten
  - Absprungrate
  - Langzeitbetrachtung
- Plattformenspezifische Insights für Social Media Maßnahmen
  - Reach, Impressions Posts, Stories, Reels
  - Engagement, Likes, Kommentare, Fragen, Shares, Merken
  - Profil-Views, Link-Klicks
  - Anzahl Wettbewerbsteilnehmer, Downloads, Newsletter-Anmeldungen, Käufe etc.
  - besondere Ereignisse
4. Analyse der Daten
   - Vergleiche
   - Ursachen, Herleitung
   - persönliche Beurteilung
5. Schlussfolgerungen
   - Stärken, Schwächen
   - externe Einflussfaktoren
   - Verbesserungs- und Weiterentwicklungspotenzial
   - Handlungsoptionen

Eine saubere Darstellung der KPI und eine sorgfältige Auswertung der Daten bringt Aufschluss darüber, wie erfolgreich die Blogger und Influencer Marketing Strategie war. Damit die herangezogenen Daten aufschlussreich sein können, ist es sinnvoll, das Reporting erst eine gewisse Zeit nach der Umsetzung der Maßnahmen zu erstellen, weil Maßnahmen immer eine gewisse Zeit benötigen, um ihre volle Wirkungskraft zu entwickeln (s. Abb. 5.7).

▶ Blogger und Influencer können die KPIs, die sie aus Google Analytics oder aus den Insight-Funktionen der Social Media Plattformen ziehen, direkt in eine Excel-Liste oder über entsprechende Screenshots in eine PowerPoint Präsentation einpflegen und mit den eigenen persönlichen Würdigungen ergänzen.

Der Post hat organisch ein eher unterdurchschnittliches Resultat erzielt und nur knapp 1/5 der Follower erreicht. Leider laufen Posts mit bezahlter Werbung nicht gut, es sei denn, man bewirbt sie, was wir immer noch nachholen können. Beitragsinteraktionen gab es erwartungsgemäss nicht so viele, da Interessierte zum Blog gewechselt haben, wo sie kommentieren und damit gleich an der Verlosung teilnehmen konnten.

Abb. 5.7 Ein aussagekräftiges Reporting enthält Zahlen sowie persönliche Würdigungen

Beim Zusammenstellen der KPI muss man beachten, dass Cookie Banner das Tracking unterbinden und die Blog-Analyse erschweren. Der Datenverlust kann gemäß Experten zwischen 60 und 80 % betragen. Diese Tatsache erschwert die Erfolgskontrolle und bringt Blogger und Influencer beim Erstellen des Reportings in einen Erklärungsnotstand bzw. in Verlegenheit, weil die ausgewiesenen Zahlen eher tief ausfallen und – unerfahrene – Auftraggeber enttäuscht reagieren.

▶ Beim Verfassen des Reportings ist es ratsam, auf die Cookie-Problematik in Bezug auf Google Analytics Insights hinzuweisen. Die Erfahrung zeigt, dass längst nicht allen Auftraggebern bewusst ist, dass man mit einem beträchtlichen Datenverlust rechnen muss.

Der Auftraggeber erhebt seinerseits weitere KPI und analysiert die Daten ebenfalls. Dabei sollte er versuchen, hinter die klassischen KPI zu schauen und den Fokus vermehrt auf langfristige qualitative Aspekte legen. So ist Engagement in Form von Fragen, Kritik, Anregungen aus der Community wertvoller als reine

5.11 Die Erfolgskontrolle

Reichweitenwerte. Im Blogger und Influencer Marketing lassen sich wichtige qualitative Aspekte wie Vertrauensaufbau oder Image nicht mit Zahlen messen.

Beispiel Evergreen – was lange währt, wird endlich gut

Dieses Beispiel eines Blogbeitrags rund um Tipps für einen Aufenthalt mit Teenagern in Zürich zeigt (s. Abb. 5.8), wie wichtig es ist, den Erfolg einer Maßnahme über einen längeren Zeitraum zu betrachten und zu bewerten. Nach einem guten Start kurz nach der Veröffentlichung hat der Blogbeitrag in allerdings Mühe bekundet und eine entsprechend schwache Leistung an den Tag gelegt. Erst nach ein paar Wochen konnte sich der Beitrag etablieren und seinen Wert entfalten. Auch wenn die erreichten Nutzerzahlen zwar nicht exorbitant hoch sind, so sind sie über einen längeren Zeitraum konstant. Der Beitrag hat sich zu einem Evergreen entwickelt. Die gute Verweildauer auf dem Beitrag beweist, dass der Inhalt für ein bestimmtes Nischenpublikum von Relevanz ist. Sie zeugt von Interesse und ist ein Indikator für eine starke Leserbindung. Eine längere Verweildauer wird von Suchmaschinen positiv gewertet und trägt zu einem besseren Ranking bei, was wiederum die Chance auf mehr Klicks auf den Beitrag erhöht. ◄

Beispiel Saisonalität – wiederkehrendes Bedürfnis nach nützlichem Content

Dieses Beispiel eines Beitrags zum Thema Aktivitäten bei Regenwetter im Tessin (s. Abb. 5.9) veranschaulicht ebenfalls, dass es wichtig ist, die Performance eines Blogbeitrages über einen längeren Zeitraum zu beobachten.

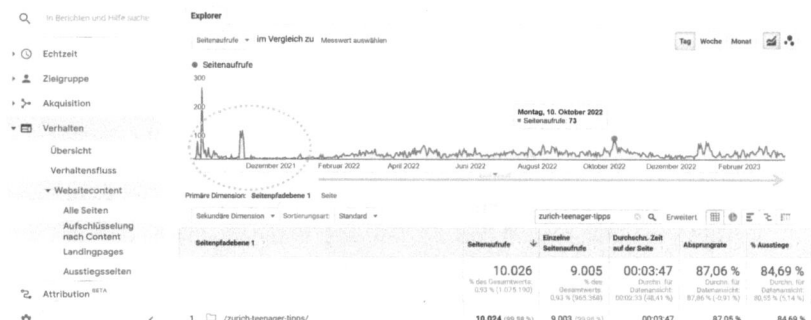

Abb. 5.8 Was lange währt, wird endlich gut

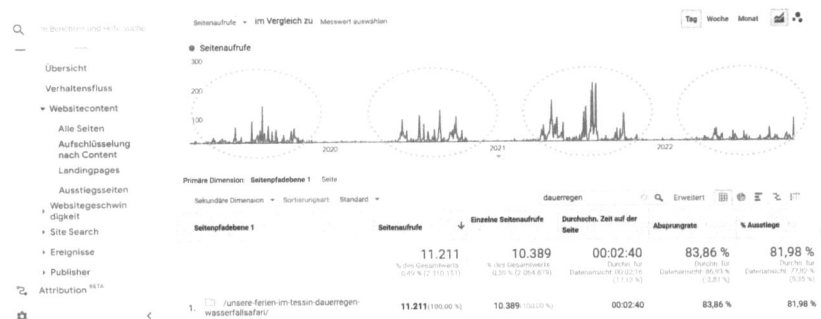

Abb. 5.9 Saisonalität – wiederkehrendes Bedürfnis nach nützlichem Content

Auch dieser Beitrag hat sich über mehrere Monate hinweg zu einem Evergreen entwickelt, der saisonal immer wieder aktuell und gefragt ist – nämlich dann, wenn sich die Zielgruppe, in diesem Fall Familien, ferienhalber im Tessin aufhält und es regnet. Genau dann entfaltet dieser saisonale Inhalt sein großes Potenzial: die Zielgruppe hat dann ein akutes Bedürfnis nach Tipps und googelt entsprechend nach Inspiration. ◄

Beispiel Verweildauer – weniger kann mehr sein

Auf den ersten Blick hat dieser Blogbeitrag zum Thema Kinderwagen-Abos (s. Abb. 5.10) quantitativ betrachtet schlecht performt. Auf den zweiten Blick erkennt man, dass es eine Nischen-Zielgruppe gibt, die sich genau für dieses Angebot interessiert und den Beitrag überdurchschnittlich lang studiert hat. Die über fünfminütige Verweildauer auf dem Beitrag beweist, dass der Content relevant ist und einen Mehrwert an Informationen liefert. In diesem Fall misst sich der Erfolg nicht an der Anzahl der Leser, sondern an der Anzahl der tatsächlich gelösten Abonnements. ◄

► **Wichtig**
Das Reporting darf kein Zahlenfriedhof sein, sondern muss verständlich auf den Punkt bringen, ob die gesetzten Kampagnenziele erreicht wurden und welche Learnings im Sinne eines kontinuierlichen Verbesserungsprozesses daraus gewonnen werden können.

Ausprobieren, analysieren, optimieren – so lautet das Motto beim Durchführen von Blogger und Influencer Marketing Maßnahmen.

5.11 Die Erfolgskontrolle

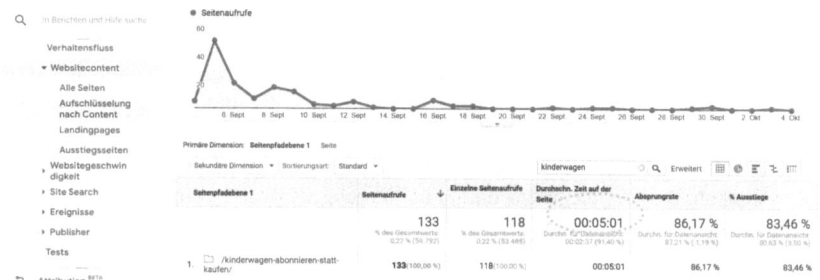

Abb. 5.10 Verweildauer – weniger kann mehr sein

Gehen Unternehmen, Agenturen, Blogger und Influencer mit dieser Grundhaltung an die Arbeit, bleiben sie einerseits offen für Neues und können andererseits ihren Erfahrungsschatz mit jeder neuen Kampagne ausbauen.

Von Cookie basierten Daten zu Social Listening
Im Zusammenhang mit der Erfolgskontrolle muss man davon ausgehen, dass Cookies über kurz oder lang ganz verschwinden werden. Immer mehr Nutzer verweigern das Tracking und setzen Browser ein, welche die Nutzung von Cookies blockieren. Damit stellt sich die Frage, wie die Erfolgskontrolle im Blogger und Influencer Marketing ohne diese Insights erfolgen kann. Künftig wird das sogenannte Social Listening an Bedeutung gewinnen. Über das Verfolgen von all dem, was man über eine Unternehmung oder Marke auf Blogs, in den Sozialen Medien, in Foren, in Verbrauchergruppen u. ä. finden kann, erhält man direkte Rückmeldungen zur Wahrnehmung der Unternehmung oder Marke in der Gesellschaft. All diese Daten sind öffentlich verfügbar, sind für alle zugänglich und sie bedürfen keiner Cookies – man muss die Erwähnungen nur finden, verfolgen und zusammentragen. Dazu existieren entsprechende Tools. In einer Cookie-freien Zukunft wird die Beziehung zur eigenen Zielgruppe und Community sowie das Verständnis für ihre Anliegen immer bedeutender.

Best Practice Take Aways für eine erfolgreiche Blogger und Influencer Marketing Strategie

- Eine erfolgreiche Blogger und Marketing Strategie zeichnet sich aus durch gute Kenntnisse der Essenz dieses Instruments, Markt und Trends sowie

gesetzliche und ethische Grundsätze, die sinnvoll und zielführend in die Planung und Umsetzung einer Kampagne einfließen.
- Smarte Kampagnen-Ziele vereinfachen die Erfolgskontrolle, die dazu definierten Messgrößen müssen die Ziele abbilden und messen können.
- Zielgruppen und Kommunikationskanäle müssen zueinander passen und aufeinander abgestimmt sein, damit die Ansprache und die Vermittlung der Botschaften zielgruppen- und kanalgerecht erfolgen kann.
- Blogger und Influencer müssen zum Unternehmen und dessen Werten sowie zum Projekt und dessen Zielsetzung passen. Sie verfügen über die zum Projekt passende Community und sind in der Lage, qualitativ hochwertige Inhalte zu produzieren und breit zu distribuieren.
- Die Kontaktaufnahme mit Bloggern und Influencern ist ein entscheidender Moment, der ausschlaggebend dafür ist, ob es zu einer Kooperation kommt oder nicht.
- Der Preis einer Blogger oder Influencer Maßnahme setzt sich zusammen aus den Kosten für die Produktion des Inhalts und den Kosten für die Distribution über bzw. für die Nutzung der Kanäle des Bloggers oder Influencers.
- Der individuelle Kooperationsvertrag und das Briefing als integrierender Bestandteil regeln die Zusammenarbeit zwischen dem Auftraggeber und dem Blogger oder Influencer. Er kann sich – je nach Verhältnis – auf eine übergeordnete Rahmenvereinbarung mit einer Agentur stützen.
- Eine erfolgreiche Kampagnenstrategie besteht aus einem sinnvollen Mix aus verschiedenen Beitragsarten und Plattformen, der sowohl primäre als auch sekundäre oder tertiäre Ziele verfolgt.
- Über eine sorgfältigen Steuerung und ein aufmerksames Monitoring können Risiken und Schwachstellen während der Kampagne frühzeitig erkannt und optimiert sowie Chancen und Potenziale genutzt und gefördert werden.
- Bei der Beurteilung des Erfolgs einer Kampagne muss der Fokus vermehrt auf langfristigen qualitativen Aspekten liegen, die sich im Blogger und Influencer Marketing nicht in erster Linie über KPIs messen lassen.

Literatur

1. Andrae Eduard: Die 3 grössten Blog-Marketing-Fehler (2023). https://www.trusted-blogs.com/tipps/blog-marketing-fehler/5 Zugegriffen am 12.04.2023

Literatur

2. Brandwatch: Monitoring in der Praxis/Influencer Marketing (2022). https://www.brandwatch.com/de/wp-content/uploads/2015/02/Influencer_Marketing.pdf Zugegriffen am 12.04.2023
3. Frieb Natalie: Influencer-Marketing-Kosten 2022: Alle Preise im Überblick (2021). https://www.storyclash.com/blog/de/influencer-marketing-kosten Zugegriffen am 12.04.2023
4. Gerussi Sandro: Mit acht Schritten zur eigenen Influencer-Kampagne (2021). https://www.kalaidos-fh.ch/de-CH/Blog/Posts/2021/06/Digitalisierung-1037-Acht-Schritte-zur-eigenen-Influencer-Kampagne-Teil-2 Zugegriffen am 12.04.2023
5. Hartmann Niklas: Influencer Marketing: Kosten bestimmen und geschickt verhandeln (2023). https://www.acquisa.de/magazin/influencer-preise Zugegriffen am 12.04.2023
6. Herrmann Tanja: Kostenlose Tools zur Influencer Suche (2022). https://www.webstages.ch/post/kostenlose-tools-zur-influencer-suche Zugegriffen am 12.04.2023
7. HypeAuditor HubSpot: Influencer-Marketing – Leitfaden zum Erstellen Ihrer Strategie DACH-Raum (2022). https://bit.ly/3Xr18ON Zugegriffen am 12.04.2023
8. Imfeld Nicola: Unerfahren und unzuverlässig – So ticken die TikToker in der Schweiz (2023). https://www.blick.ch/wirtschaft/unerfahren-und-unzuverlaessig-so-ticken-die-tiktoker-in-der-schweiz-id18478499.html Zugegriffen am 12.04.2023
9. Mistelbacher Rolf: Influencer Marketing – Das praktische Handbuch für Social Media Marketer (2023). https://bit.ly/3wdBbGw Zugegriffen am 12.04.2023
10. Swat.io: Social Media Monitoring (2022). https://swat.io/de/wiki/social-media-monitoring Zugegriffen am 12.04.2023
11. Thurm Paula: Was kostet Podcast-Werbung? (2022). https://podcastmarketing.io/podcast-werbung-preise Zugegriffen am 12.04.2023

Teil III
Best Practice

Erfolgreiches Blogger und Influencer Marketing erfordert nicht nur Kenntnisse des Markts und der aktuellen Trends sowie der zu beachtenden rechtlichen Aspekte und zu respektierenden ethischen Werten. Für ein erfolgreiches Blogger und Influencer Marketing braucht es von allen Beteiligten auch die Bereitschaft, sich zu vertrauen, auf Augenhöhe miteinander zu arbeiten, sich bei allen Prozessschritten gegenseitig zu unterstützen und zu ergänzen, um Synergien bestmöglich zu nutzen und sich die Verantwortung für den Erfolg zu teilen. Was dies in der Praxis bedeutet, zeigen die nachfolgenden Best Practice Beispiele für erfolgreiche Kooperationen auf. Diese stammen aus dem Umfeld „Familie", die gewonnenen Erkenntnisse und die daraus abgeleiteten Erfahrungswerte und Tipps gelten für andere Gebiete des Blogger und Influencer Marketings genauso.

Blogger und Influencer Marketing in der Tourismus-Branche

6

Gerade im Bereich Reisen bietet das Blogger und Influencer Marketing ein großes Potenzial. Entscheidungen rund um Ferien und Reisen werden immer häufiger aufgrund von Informationen auf Reiseblogs, Ideen aus Instagram oder Inspiration von Pinterest getroffen. In diesem Bereich suchen gemäß deutschem Meinungsforschungsinstitut GfK Interessierte bewusst online nach authentischen Berichten mit einem Mehrwert an nützlichen Informationen und Erfahrungswerten, auf die sie sich verlassen und auf die sie ihre Entscheidungen abstützen können. Die Tourismusbranche hat das Potenzial von Blogger und Influencer Marketing erkannt und setzt bereits seit einiger Zeit auf Berichterstattungen und Erlebnisse in Echtzeit und vor Ort als wichtige Informations- und Inspirationsquelle für Interessierte.

Die Tourismus-Branche bietet viele Möglichkeiten für Zusammenarbeiten mit Bloggern und Influencern. Von Tourismusregionen über Hotels bis zu Aktivitätenanbieter – Kooperationen können von allen Akteuren der Branche eingegangen werden. Für die Tourismusbranche zählen Blogger und Influencer aus den Bereichen Outdoor, Sport, Fotografie und insbesondere aus dem Bereich Familie zu den spannendsten und passendsten Kooperationspartnern, da sie die Hauptzielgruppen im Tourismus ansprechen. Über die Zusammenarbeit mit Bloggern und Influencern erhalten Tourismusdestinationen zudem auch wichtige Rückmeldungen, wie sie nachhaltige und emotionale Erlebnisse für Kinder und deren Familien entwickeln können [1, 2].

Ausgangslage und Zielsetzung
Eine attraktive Tourismusregion, die sowohl national als auch international bekannt und beliebt ist, möchte längerfristig mehr Familien mit Kindern – und damit die nächste Generation Feriengäste – aus dem eigenen Land ansprechen

und sowohl für kürzere Familienaufenthalte als auch für längere Familienferien in der Region gewinnen. Die Tourismusregion soll sich in der Zielgruppe Familie als ganzjährige Feriendestination positionieren, die auch mit den öffentlichen Verkehrsmitteln schnell und einfach erreichbar, kinderfreundlich, facettenreich, unterhaltsam, erholsam, modern und nachhaltig ist.

Maßnahmen
Um die Zielgruppe Familien zu erreichen, wurde mit dem Netzwerk Schweizer Familienblogs eine Zusammenarbeit mit einem von Anfang an klar definierten beziehungsorientierten Ansatz eingegangen. Die Betreiber des Netzwerks wurden in die Projektarbeit miteinbezogen und konnten dadurch einerseits ihre Erfahrungen im Umgang mit den Netzwerkmitgliedern, alles Familienblogger, und andererseits ihr Wissen im Umgang mit der Zielgruppe Familie ins Projekt einbringen. Dank ihrer Nähe zu den verschiedenen Bloggern, die dem Netzwerk angehören, sowie zur Zielgruppe kennen sie nicht nur die zum Projekt am besten passenden Blogger, sondern auch die Bedürfnisse und Gepflogenheiten der gemeinsamen Community sowie die Art und Weise, wie man sie am besten erreicht und für ein neues Thema sensibilisiert.

Um die gesetzten Ziele (ganzjährige Feriendestination, die auch mit den öffentlichen Verkehrsmitteln schnell und einfach erreichbar, kinderfreundlich, facettenreich, unterhaltsam, erholsam, modern und nachhaltig) zu erreichen, sind über mehrere Jahre in Folge Bloggerreisen mit drei bis fünf Bloggerfamilien aus dem Netzwerk in die verschiedenen Regionen der Feriendestination organisiert worden. Dadurch, dass jede Familie ein anderes Reiseziel erkunden durfte, sind über die gesamte Dauer der Zusammenarbeit zahlreiche Blogbeiträge und Social Media Posts entstanden, welche die Vielfältigkeit der Region perfekt zum Ausdruck brachten. Um einerseits große Aufmerksamkeit zu erreichen und andererseits aber auch eine langfristige Wirkung zu erzielen, bestand die Content-Produktion sowohl aus Social Media Maßnahmen wie Instagram Stories und Posts, die während der Aufenthalte produziert wurden, als auch aus ausführlichen Erfahrungsberichten mit vielen weiterführenden Informationen in Form von Blogbeiträgen mit Bildern. Bei der Umsetzung der Maßnahmen konnte auch ein im Vorfeld definierter Kampagnen-Hashtag etabliert werden.

Um den über die Jahre geschaffenen Content maximal zu nutzen und auch den Wiedererkennungswert der immergleichen Blogger zu stärken, wurde zudem ein Content Hub geschaffen, auf welchem alle entstandenen Blogbeiträge zusammengefasst sind. Zudem wurden bereits bestehende Kommunikationsmittel wie zum Beispiel ein Destination-eigenes Magazin mit Gastbeiträgen der am Projekt beteiligten Blogger aufgewertet.

Der Auftraggeber unterstützte die Content-Produktion mit Videos, die während der Aufenthalte gedreht und anschließend über die eigenen Social Media Kanäle vertrieben wurden. Zudem unterstützte er die Sichtbarkeit des durch die Blogger geschaffenen Contents und der Blogger selbst, indem er einerseits alle Content-Pieces über die eigenen Kanäle distribuieren half und andererseits den Bloggern mittels Interviews auch zu Medienpräsenz verhalf, was für Blogger auch ein wichtiger Aspekt der Honorierung und Wertschätzung ihrer Arbeit darstellt.

Zielerreichung und Fazit
Klare Ziele, passende Wahl der Blogger, mehrschichtiges Vorgehen, Kontinuität, faire Honorierung, aktive Unterstützung durch den Auftraggeber und gegenseitige Wertschätzung sind die Erfolgsfaktoren dieser Zusammenarbeit. Die beworbene Ferienregion nimmt einen führenden Platz im Tourismusranking ein und hat einen signifikant höheren Anteil an Übernachtungen verzeichnet. Dazu gesellten sich Familien, die einen längeren Aufenthalt als üblich buchen und Ferien im eigenen Land, die sie sogar mit den öffentlichen Verkehrsmitteln antreten können, vorziehen. Die langjährige Zusammenarbeit hat gezeigt, dass die ausgewählten Blogger und der gewählte Ansatz die relevante Zielgruppe erreicht haben.

„Ticino Turismo setzt im Schweizer Markt auf die Zielgruppe Familien, wobei diese noch etwas enger gefasst wird und zwar mittels einer entsprechenden ‚Persona'. Die Familie Frei steht stellvertretend für die Familie, die angesprochen werden soll. Diese lebt im Großraum Zürich, beide Eltern sind arbeitstätig und vom Mindset her weltoffen. Die Kinder sind noch im Grundschulalter. In den Ferien oder in der Freizeit ist die Familie gerne aktiv, am liebsten in der Natur. Ins Tessin reist die Familie wenn möglich mit dem öffentlichen Verkehr der Umwelt zuliebe. Generell werden bei Ticino Turismo integrierte Kampagnen umgesetzt. Im Promotions-Mix hat die Kooperation mit Bloggern und Influencern über die Jahre an Bedeutung gewonnen. Um zielgruppenkonforme Familien anzusprechen, mit der Intention, die Vielfalt des Tessins aufzuzeigen, ist die Partnerschaft mit dem Netzwerk Schweizer Familienblogs entstanden. Ergänzend ist zu erwähnen, dass bewusst die Zusammenarbeit mit Microinfluencern gesucht wurde, um den Streuverlust zu minimieren. Eine klare Zieldefinition, wie auch eine transparente Kooperation waren in diesem Kontext zentral. Ebenfalls war es Ticino Turismo wichtig, dass die Themen beziehungsweise Ausflüge den Interessen der Bloggerfamilien entsprechen, um die Authentizität in der Berichterstattung zu wahren und somit die Community real anzusprechen. Nur so resultiert eine wahre Win-Win-Situation. Diese widerspiegelt sich in der Erreichung der quantitativen Ziele."
Manuela Nicoletti, Director of Marketing, Country Manager CH Ticino Turismo

Zum Content-Hub: https://www.ticino.ch/de/campaigns/ticino-blog.html

Literatur

1. GfK: Influencer Marketing tickt in der Touristik anders (2018). https://www.gfk.com/de/insights/influencer-marketing-tickt-in-der-touristik-anders Zugegriffen am 14.02.2023
2. Knappe Annabelle: Influencer Marketing im Tourismus (2021). https://www.reachbird.io/magazin/de/influencer-marketing-im-tourismus Zugegriffen am 14.04.2023

Blogger und Influencer Marketing in der Berufsbildung (Employer Branding)

7

Blogger und Influencer Marketing basiert auf Vertrauen und Glaubwürdigkeit. Insbesondere bei längerfristigen Zielsetzungen im Bereich Image- und Vertrauensaufbau kann sein ganzes Potenzial entfaltet werden. Darum eignet sich diese Marketingform ausgezeichnet, um Unternehmen als attraktive Arbeitgeber zu positionieren und Mitarbeitende wie Auszubildende anzuwerben. Soziale Medien bieten die Möglichkeit, in Kontakt mit klar definierten Zielgruppen zu treten, die Sichtbarkeit der Unternehmung zu erhöhen, potenzielle Bewerber anzusprechen und dabei auch wichtige Daten zu erheben. Im Vergleich zu traditionellen Recruiting-Methoden ist Social Recruiting zudem auch preiswert.

Auch wenn beim Stichwort Employer Branding als Erstes meist an Plattformen wie XING oder LinkedIn gedacht wird, funktionieren die Maßnahmen auch über Blogs und die klassischen Social Media Kanäle wie Instagram, TikTok oder Facebook – insbesondere, wenn es um Nachwuchsförderung in der Berufsbildung geht und Jugendliche angesprochen werden sollen. Gerade derzeit haben Unternehmen aufgrund demografischer, technischer und gesellschaftlicher Entwicklungen Mühe, auf dem herkömmlichen Weg, also über Stellenanzeigen, geeigneten Berufsnachwuchs zu rekrutieren. Immer öfter setzen sie dafür die Sozialen Medien ein, da Jugendliche viel Zeit in Sozialen Netzwerken verbringen und diese Kanäle auch dazu nutzen, sich über Berufe zu informieren. Unternehmen können auf der einen Seite den direkten Kontakt zur Zielgruppe suchen oder die eigenen Mitarbeiter einbinden, auf der anderen Seite aber auch Blogger und Influencer einsetzen, die zum Beispiel bei unbekannten Unternehmen oder abstrakten Berufen die Brücke zum Zielpublikum schlagen und dieses auf Augenhöhe ansprechen (s. Abschn. 1.4). Noch ist es nicht weit verbreitet, Employer Branding zusammen mit Bloggern und Influencern anzugehen. Dabei ist das Potenzial sehr groß. Gewähren Blogger und Influencer einen Blick hinter die

Kulissen eines Unternehmens, packen selbst tatkräftig mit an und stellen die verschiedenen Berufe und Karrierechancen aus ihrer Perspektive vor, wirkt das sehr authentisch und bringt ihren Communities einen großen Mehrwert in Form von relevanten Informationen. Die dafür passenden Blogger und Influencer ergeben sich aus der Branche, die beworben werden soll – Mode, Food, Sport, Gaming u. v. m. Unterdessen gibt es eine breite Palette, aus der man den passenden Partner evaluieren kann, der dann die Zielgruppe perfekt ansprechen kann [1].

Ausgangslage und Zielsetzung
Ein Unternehmen in der Energiebranche, das national tätig ist und Lernende ausbildet, möchte mehr Jugendliche für eine Berufslehre begeistern. Die Zielgruppe sind allerdings nicht Jugendliche, sondern die Eltern von Jugendlichen im Berufswahlprozess, da diesen eine sehr große Bedeutung bei der Berufswahl zugesprochen wird. Dafür hat das Unternehmen eigens eine sogenannte Elternschnupperlehre als Neuheit in der Berufswahlphase lanciert. Die Eltern sollen über die Elternschnupperlehre einen Einblick in die Berufswelt des Energieunternehmens erhalten, um ihre Kinder in der Berufswahl optimal unterstützen zu können. Die Informations- und Aufklärungsarbeit rund um die Elternschnupperlehre soll die Eltern ansprechen und über sie möglichst viele Jugendliche motivieren, beim Unternehmen eine Berufslehre zu absolvieren. Zudem soll das neue Gefäß auch in der Berufsfachwelt und in der breiten Bevölkerung bekannt gemacht werden.

Maßnahmen
Da es sich um ein Novum handelte und die Unternehmung nicht über genügend Erfahrung verfügte, wurde einerseits eine Influencer-Agentur zugezogen und andererseits eine Familienbloggerin in die Projektarbeit einbezogen, um die Zielgruppe Familie anzusprechen. Als Mutter von Teenagern konnte diese ihre Erfahrungen im Umgang mit dem Thema Berufswahlprozess und ihr Wissen im Umgang mit der Zielgruppe „Familie" ins Projekt einbringen. Dank ihrer Nähe zur Zielgruppe kannte sie die Bedürfnisse von Eltern mit jugendlichen Lehrstellensuchenden sowie die Art und Weise, wie man beide am besten erreicht und für ein neues Thema sensibilisiert.

Um die gesetzten Ziele zu erreichen, hat das Unternehmen gemeinsam mit der Bloggerin ein inspirierendes Image-Video produziert, das die Elternschnupperlehre und die damit gemachten Erfahrungen veranschaulicht sowie andere Eltern dazu motiviert, ebenfalls vom befristeten Angebot einer Elternschnupperlehre bei diesem Unternehmen zu absolvieren. Das Video zeigt die Bloggerin bei der

Arbeit und veranschaulicht die Erfahrungen, die Eltern während einer Elternschnupperlehre machen.

Der produzierte Inhalt wurde einerseits über die Webseite des Unternehmens veröffentlicht sowie über einen Blogbeitrag und über die Social Media Kanäle der Bloggerin distribuiert. Damit konnten gleich zwei Ziele verfolgt werden: einerseits eine rasche und große Aufmerksamkeit zur Bekanntmachung des neuen Angebots, andererseits eine längerfristige Präsenz im Netz für Suchanfragen nach Schnupperlehren in der Energiebranche. Um Engagement und Conversion zu erzielen, teilte die Bloggerin ihre Erfahrungen via Blog und Social Media mit ihrer Community, beantwortete Fragen und regte einen Diskurs über die Berufsbildung und die Rolle der Eltern in diesem Prozess an. Als begleitende Maßnahme organisierte die Unternehmung einen offiziellen Elternschnuppertag, für den sich interessierte Eltern anmelden konnten.

Parallel dazu unterstützte die Kommunikationsabteilung der Unternehmung die Kampagne, indem sie für eine gute nationale Medienpräsenz sorgte und sich die Bloggerin für Interviews und Podiumsdiskussionen rund um die Elternschnupperlehre und die gemachten Erfahrungen stellte. Die Auftritte der Bloggerin wurden von einer breiten Öffentlichkeit zur Kenntnis genommen, was zu weiteren Berichterstattungen in Fachmedien führte. Dieses optimale Ausschlachten des Contents und die gegenseitigen Synergie-Effekte unterstützten nicht nur die unternehmerische Zielerreichung, sondern förderten auch die Expertise der Bloggerin in diesem Gebiet, was der Bloggerin direkt eine weitere Kooperation innerhalb der Berufsbildungsbranche einbrachte und durchaus auch als Teil der Honorierung betrachtet werden kann.

Die Honorierung erfolgte im Rahmen dieses Projektes über eine Pauschale, welche den Einsatz für die Videoproduktion sowie den Aufwand für die Erstellung des Blogcontents sowie das Teilen über die sozialen Medien enthielt.

Zielerreichung und Fazit
Klare Ziele, passende Wahl der Bloggerin, mehrschichtiges Vorgehen, faire Honorierung, aktive Unterstützung durch den Auftraggeber und gegenseitige Wertschätzung sind die Erfolgsfaktoren dieser Zusammenarbeit. Über die beworbene Elternschnupperlehre konnte die Unternehmung aufzeigen, wie vielseitig und zukunftsorientiert eine Berufslehre in der Energiebranche ist und wie wichtig die Rolle der Eltern im Berufswahlprozess ist, da sie in vielen Fragen zu den wichtigsten Influencern der Jugendlichen gehören. Die vielschichtige Zusammenarbeit hat gezeigt, dass die ausgewählte Bloggerin und der gewählte Ansatz die relevante Zielgruppe erreicht hat.

„Der Nachwuchsförderung und der Ausbildung junger Fachkräfte misst die EKZ Eltop AG (Teil der EKZ-Gruppe) seit jeher hohes Gewicht bei. Rund 25 % aller Mitarbeitenden sind Lernende. Von den ausgebildeten Lernenden verbleiben nach Abschluss im Schnitt rund Dreiviertel im Betrieb und schließen einen Arbeitsvertrag ab. Die Wahl der passenden Lernenden ist für uns als Ausbildungsbetrieb und Arbeitgeber daher umso wichtiger und der Zugang zu einer möglichst breiten BewerberInnenbasis essentiell. Bei der Rekrutierung unserer Lernenden sind wir deshalb ständig auf der Suche nach zielgruppengerechten und möglichst noch nie dagewesenen Maßnahmen, die einerseits die Aufmerksamkeit potentieller Lernenden erregen, gleichzeitig aber auch positiv auf unsere Arbeitgebermarke als Ganzes einzahlen. So entstand die Idee, im Rahmen unserer Kampagne den üblichen Fokus zu ändern und statt der Jugendlichen selbst, deren wichtigste ‚Influencer' – ihre Eltern – anzusprechen. Denn: Gemäß Studien hören 77 % der Jugendlichen bei der Wahl ihres Lehrberufs und Betriebs auf ihre Eltern. Durch die Teilnahme an eigens für die Kampagne konzipierten Elternschnupperlehren haben wir die Eltern von Jugendlichen in unserer Zielgruppe (13- bis 15-Jährige) zu kompetenten Berufsberatern für ihre Kinder befähigt, während wir gleichzeitig die Aufmerksamkeit auf unsere Lehrberufe sowie unsere Attraktivität als Arbeitgeber gelenkt haben. Zur Sicherstellung des maximalen Aufmerksamkeitspotenzials in den (Sozialen) Medien, wurde eine Familienbloggerin, die selbst Mutter von Kindern im Lehrlingsalter ist, zur Teilnahme an der Elternschnupperlehre eingeladen. Die daraus entstandenen Kooperationsbeiträge haben für breite Resonanz gesorgt und so die Reichweite wie auch Glaubwürdigkeit der Employer-Branding-Kampagne der EKZ-Gruppe maßgeblich erhöht."
Arthur Alexejew, Kampagnenleiter EKZ Eltop

Zum Elternschnuppertag Video: https://youtu.be/QcNioljo70o

Literatur

1. Kröpfl Carina: Tipps für erfolgreiches Employer Branding auf Social Media (2022). https://swat.io/de/interaktion/employer-branding-social-media Zugegriffen am 14.04.2023

Blogger und Influencer Marketing in der Finanzbranche

8

Für Finanzdienstleister stellen Familien eine attraktive Zielgruppe dar. Während der verschiedenen Phasen des Familienlebens nutzen Eltern und Kinder zahlreiche Finanzprodukte wie Kredite, Hypotheken, Sparkonti, Vorsorge- und Anlageprodukte sowie Versicherungsprodukte. Kinder und Jugendliche stellen für die Finanzbranche zudem die Zielgruppe von morgen dar. Deshalb lohnt sich für die Branche die Zusammenarbeit mit Bloggern und Influencern aus dem Bereich Familien. Über diese Akteure können sie für Kinder und Jugendliche und deren Familie Erlebnisse schaffen, die positive Emotionen auslösen und nachhaltig überzeugen. Dadurch wird die Unternehmung bei den Erwachsenen von morgen bereits gut verankert sein.

Ausgangslage und Zielsetzung
Teen Banking stellt die Zukunft des Bankwesens dar, da diese Zielgruppe die Nutzer des digitalen Bankings von morgen sind. Im Jahr 2030 werden die Gen Z und Gen Alpha einen Drittel der arbeitenden Bevölkerung ausmachen. Um die Kundenloyalität bei dieser Zielgruppe frühzeitig aufzubauen und dabei gleichzeitig auch die Bankbeziehung zu den Eltern zu vertiefen, möchte eine weltweit tätige Software-Unternehmung eine zielgruppengerechte Kids-Banking-App entwickeln, die einerseits die finanzielle Bildung und Entwicklung von Kindern und Jugendlichen unterstützt und fördert und andererseits Eltern die Möglichkeiten für Supervision bietet. Damit möchte die Software-Unternehmung ein Tool zur Verfügung stellen, welches dem Finanzverhalten der Gen Z und Alpha entspricht und dabei gleichzeitig den Bedürfnissen der Eltern gerecht wird. Um ein zielgruppengerechtes Produkt entwickeln zu können, will die Unternehmung das anvisierte Segment bereits bei der Produktentwicklung berücksichtigen und miteinbeziehen, indem es das Finanzverhalten von Teenagern untersucht.

Maßnahmen
Bei der Entwicklung der Kids-Banking-App wurde bewusst auf die Mitwirkung von Eltern und Kindern gesetzt. Die Software-Unternehmung hat zahlreiche qualitative Interviews mit Eltern, Teenagern und Bankern geführt, einige Prototypen erstellt sowie mehrere Benutzertests durchgeführt. Um weitere Rückmeldungen sowie Impulse für die Produktentwicklung direkt aus dem Markt zu erhalten, hat die Software-Unternehmung auch mit einer Familienbloggerin gearbeitet. Diese hat in einem ausführlichen Blogbeitrag sowie über verschiedene Social Media Maßnahmen ihre Zielgruppe über ihre eigenen sowie die Erfahrungen ihres Kindes informiert. Gleichzeitig hat sie von der eigenen Community zusätzliches Feedback zur Finanzkompetenz von Jugendlichen, zu Verhaltensweisen von Eltern und Kindern im Zusammenhang mit Geld und zu Anforderungen und Wünschen an eine Kids-Banking-App abgeholt.

Zielerreichung und Fazit
Die Auswertungen des Finanzverhaltens von Teenagern und die Rückschlüsse aus den Interviews mit Eltern konnten durch den Einbezug der Bloggerin mit weiteren qualitativen Daten in Form von authentischen Rückmeldungen aus der Family-Community ergänzt werden. Das Entwicklerteam der Unternehmung konnte auf diese Weise weitere Rückschlüsse ziehen, welche Anforderungen aus dem wahren Familienleben an ein zeitgemäßes Banking für Jugendliche gestellt werden.

„Blogger werden immer noch auf Basis ihrer Follower-Zahl bewertet und als einseitige Werbefläche genutzt. Dabei unterschätzen wir den immensen Mehrwert, den ihre Arbeit einer Unternehmung bei der Marktsegmentierung bringen kann. Uns hat die Zusammenarbeit mit Rita sehr dabei unterstützt, die Value Proposition und Hypothesen eines möglichen Produktes zu testen."
Dr. Nicole Hasler

Zum Factsheet „Chili Kids": https://bit.ly/3MM6EJe

Blogger und Influencer Marketing in der Promotionsbranche

9

Das Ziel der Promotionsbranche ist, den Bekanntheitsgrad einer Unternehmung zu steigern und den Verkauf ausgewählter Produkte zu fördern. Dabei werden einerseits Produktmuster, Gutscheine u. ä. eingesetzt, die zur Erreichung der Zielgruppe in erster Linie über persönliche Kontakte vertrieben werden anstatt über klassische Werbung im Internet, in Printmedien oder im Fernsehen. Die Promotionsbranche hält in einer vorwiegend digitalen Welt erfolgreich an persönlichen Beziehungen fest. In diesem Punkt ähnelt diese Marketingform sehr dem Blogger und Influencer Marketing, bei welchem auch der Mensch, die Beziehung und das Vertrauen im Mittelpunkt stehen.

Ausgangslage und Zielsetzung
Eine national tätige Promotionsunternehmung stellt werdenden Eltern über ein Baby-Geschenkpaket hochwertige Produktemuster von national und international bekannten Firmen zur Verfügung sowie wertvolle Informationen und Gutscheine für familienspezifische Dienstleistungen und Probeabonnemente. Die Unternehmung, die seit Generationen für ihren Geburtskoffer landesweit bekannt und geschätzt ist, möchte neue Leads und mehr Traffic auf der Webseite generieren sowie neue Promotionspartner gewinnen und neue Werbegefäße für Promotionspartner schaffen und anbieten.

Maßnahmen
Aufgrund der Zielgruppe Familie hat die Promotionsunternehmung das Netzwerk Schweizer Familienblogs beauftragt, eine Gruppe von Familienbloggern mit unterschiedlichen Communities zusammenzustellen, die gemeinsam eine Expertenrunde gründen. Die unterschiedlich ausgerichteten Familienblogger

sollten durch ihre Vielfalt ein möglichst breites Spektrum von Familien abbilden und verschiedene Themen, Bedürfnisse und Fragen abdecken.

In einem ersten Schritt haben die am Projekt beteiligten Familienblogger einen Grundstock an Blogbeiträgen zu verschiedenen Themen produziert, um bei der Veröffentlichung des Corporate Blogs attraktive Inhalte präsentieren zu können. Durch das Teilen der Inhalte über die Kanäle der Bloggerinnen konnten in Sachen Reichweite Synergien für alle am Projekt beteiligten Akteure geschaffen werden. Die Unternehmung verzeichnete rasch mehr Traffic auf der eigenen Webseite sowie neue Leads durch Newsletter-Anmeldungen. Die Bloggerinnen profitierten ihrerseits von einem Werbeeffekt in eigener Sache.

In einem zweiten Schritt konnte die Promotionsunternehmung ihren Werbekunden Blog-Kooperationen als neues Werbegefäß anbieten, das in Ergänzung zu den bestehenden Promotions Maßnahmen dazu gebucht werden konnten, um weitere wichtige Touch Points (s. Abb. 1.3) zur Zielgruppe zu generieren. Dank dem Multiplikatoren-Effekt, der über das Teilen über die Communities der Bloggerinnen erzielt werden konnte, erzielen die auf diese Weise produzierten Inhalte deutlich höhere Reichweiten und über eine längere Zeit auch Conversion-Raten.

Zielerreichung und Fazit
Klare Ziele, perfekte Wahl der Bloggerin, mehrschichtiges Vorgehen, faire Honorierung, aktive Unterstützung durch den Auftraggeber und gegenseitige Wertschätzung sind die Erfolgsfaktoren dieser Zusammenarbeit. Über den Zuzug von Experten im Bereich Familie konnte die Unternehmung ihre Webseite mit relevanten Inhalten aufwerten und damit ihrer Zielgruppe einen Mehrwert an Informationen und Erfahrungen anbieten. Gleichzeitig konnte die Unternehmung ihren Werbepartnern ein zusätzliches innovatives Werbegefäß anbieten. Die vielschichtige Zusammenarbeit hat über mehrere Jahre gezeigt, dass die ausgewählten Blogger und der gewählte Ansatz die relevante Zielgruppe für Unternehmung und deren Partner erreicht haben.

Blogger und Influencer Marketing in der Medienbranche

10

Immer mehr analoge und digitale Medien gehen Kooperationen mit Bloggern und Influencern ein. Die Zusammenarbeit zwischen Medienplattformen und Bloggern und Influencern ist sehr erfolgreich, da beide voneinander profitieren können. Die Medienplattformen kommen zu qualitativ hochwertigen Inhalten und können damit bestehenden Zielgruppen relevante Inhalte anbieten oder neue Zielgruppen ansprechen. Zudem bringen Blogger und Influencer neue Inputs in Form von zeitgemäßem Storytelling, produzieren gekonnt innovative Formate wie Videos, Reels oder Live-Formate. Die Blogger und Influencer profitieren von wertvollen Backlinks auf ihre Plattformen, können mehr Reichweite generieren und neue Leser und Follower ansprechen und gewinnen. Zudem genießen Kooperationen mit Medien einen hohen Stellenwert bei Bloggern und Influencern, weil sie ihre Expertise stärken [1].

Ausgangslage und Zielsetzung

Ein nationales Nachrichtenportal, dessen Inhalte über eine Website, Bildschirme in öffentlichen Verkehrsmitteln, an Tankstellen und in Fitnesscentern sowie über eine Mobile App verbreitet werden, möchte die bereits bestehende Zielgruppe Familie mit zusätzlichen relevanten Inhalten erreichen und ausweiten.

Maßnahmen

Als Kooperationspartner wurde das Netzwerk Schweizer Familienblogs ins Projekt miteinbezogen und mit auserwählten Bloggern, die eine große Bandbreite an verschiedenen Familienthemen abdecken, ein Expertenteam im Bereich Familie gegründet. Die Content-Produktion durch die Netzwerk-Mitglieder wurde in die Redaktionsplanung aufgenommen und die Beiträge wurde so umgesetzt, wie es die Leserschaft des Nachrichtenportals erwartet.

Zielerreichung und Fazit

Das Einbeziehen erfahrener Blogger und Influencer in die Redaktionsarbeit hat das Nachrichtenportal in erster Linie mit qualitativ hochwertigen Inhalten bereichert. Gleichzeitig konnte es durch das Teilen der Beiträge auch über die Kanäle der am Projekt beteiligten Blogger in neue Zielgruppen vordringen, die Reichweite steigern und neue Leser generieren. Zudem hat diese Form der Zusammenarbeit auch Chancen eröffnet, neue Kooperationsformen mit Werbekunden umzusetzen.

Literatur

1. Kühne Anna: Über die Zusammenarbeit von Verlagen und Bloggern (2023). https://www.verlagederzukunft.de/ueber-zusammenarbeit-von-verlagen-und-bloggern-ist-der-lockere-umgangssprachliche-ton-eines-jungen-rezensenten-nicht-eher-unpassend-fuer-das-professionelle-image-eines-verlages Zugegriffen am 14.04.2023

Blogger und Influencer Marketing im Gesundheitsbereich

11

Im Gesundheitsbereich wir die Zusammenarbeit mit Bloggern und Influencern nicht in erster Linie zu kommerziellen Zwecken eingegangen, sondern um wichtige Botschaften rund um Gesundheitsthemen zu verbreiten. Dazu eignen sich Blogger und Influencer besonders gut, weil sie authentisch und vertrauensvoll sind und für ihre Communities als Vorbild und Ratgeber fungieren. Zudem sind Blogger und Influencer in der Lage, komplexe und abstrakte Themen in der Sprache ihrer Communities zu transportieren. Blogger und Influencer sind als Meinungsbildner je länger je mehr ein wichtiger Bestandteil der Gesundheitskommunikation.

Ausgangslage und Zielsetzung
Eine schweizweit tätige Non-Profit-Organisation setzt sich gemeinsam mit ihren Mitgliedsorganisationen dafür ein, die Situation von krebskranken Kindern und deren Familien während und nach der Krankheit langfristig zu verbessern. Zu ihren Tätigkeitsbereichen gehören die Unterstützung der Kinderkrebsforschung sowie eine effiziente Nachsorge und Chancengleichheit für alle Kinderkrebs-Survivors. Weitere Prioritäten sind die Sensibilisierung der Öffentlichkeit für die Herausforderungen im Bereich Kinderkrebs und die Schaffung besserer rechtlicher Rahmenbedingungen für die Betroffenen. Mit ihren Sensibilisierungskampagnen möchte die Organisation sowohl das Thema Kinderkrebs in den Fokus der Öffentlichkeit richten als auch Betroffene und ihr Umfeld über die Unterstützungs- und Beratungsangebote informieren. Für ihre Botschaften wählt sie zielgerechte und prägnante Botschaften, die ein möglichst breites Zielpublikum ansprechen. Um die notwendigen finanzielle Mittel für ihre Projekte sicherzustellen und die Arbeit ihrer Mitgliedsorganisationen zu unterstützten, ist die Organisation auf Spendengelder angewiesen [1].

Maßnahmen
Gerade bei kritischen Themen wie Krankheiten, verbunden mit Kindern als äußerst vulnerabler Teil unserer Gesellschaft, ist der richtige Ton bei der Ansprache sehr wichtig. Dieser muss glaubwürdig und kompetent über zum Teil sehr komplexe Themen informieren können. Um ein möglichst breites Publikum zu erreichen, hat sich die Organisation entschieden, auch mit Bloggern und Influencern aus dem Familienbereich zusammenzuarbeiten. Zwei Mal pro Jahr lanciert die Organisation themenspezifische Kampagnen, die nebst herkömmlichen Kommunikationsmaßnahmen zusätzlich durch Blogger und Influencer Marketing unterstützt werden. Mittels Interviews oder Podcasts mit Betroffenen werden die Kampagnenthemen durch Blogger und Influencer so bearbeitet, dass komplexe Zusammenhänge in einer einfachen und verständlichen Sprache sowie möglichst lebensnah in die Zielgruppe Familie hineintransportiert werden können. Die Blogger und Influencer werden dabei fachlich unterstützt und eng betreut, da die zu produzierenden Inhalten medizinisch sehr anspruchsvoll sind und auch wenn sie auf Augenhöhe mit der Zielgruppe sein sollen, dennoch in jedem Fall korrekt sein müssen.

Zielerreichung und Fazit
Die Kampagnenziele können dank einer langjährigen nachhaltigen Zusammenarbeit mit den immer gleichen Bloggern und Influencern erreicht werden. Durch die fachliche Unterstützung und die enge Begleitung durch den Auftraggeber können die Blogger und Influencer komplexe und schwere Themen in verständliche Botschaften übersetzen, die für Aufmerksamkeit für das Thema sorgen. Gleichzeitig helfen sie mit, das Thema Kinderkrebs zu enttabuisieren, betreiben Aufklärungs- und Sensibilisierungsarbeit und fördern dadurch das Generieren von Spendengeldern. Die beteiligten Blogger und Influencern können durch diese Zusammenarbeit ihre Expertise in einem komplexen Themengebiet steigern und sich durch ihre Arbeit und mit Hilfe ihrer Reichweite im Sinne von Sinnfluencertum gleichzeitig für eine gute Sache engagieren.

> „Diese Zusammenarbeit ist für uns sehr wichtig, weil wir neben den klassischen Kommunikationskanälen, auch direkt Menschen ansprechen können, die vielleicht eher in den sozialen Medien unterwegs sind und sich gezielt für familienspezifische Themen interessieren. Das Format eines Bloginterviews hat nochmals eine andere, viel persönlichere Qualität als ein Medienartikel oder ein Post rein über unsere eigenen sozialen Kanäle."
> Alexandra Weber, Leitung Kommunikation Kinderkrebs Schweiz

Zu einem Beispiel eines Blogbeitrags: https://www.dieangelones.ch/kinderkrebs-kasse-zahlen/

Literatur

1. GfK: Influencer Marketing tickt in der Touristik anders (2018). https://www.gfk.com/de/insights/influencer-marketing-tickt-in-der-touristik-anders Zugegriffen am 14.02.2023

Blogger und Influencer Marketing in der Verlags- und Buchbranche

12

Im Zuge der Digitalisierung gehen auch Buchverlage neue Wege, um Kunden zu erreichen. Klassische Marketingstrategien, um Bücher zu verkaufen, verlieren an Wirkung. Um die heutigen Leser zu erreichen, müssen Verlage selbst auf Social Media Kanälen aktiv sein, zielgruppennah agieren und Kooperationen mit Buchbloggern und Bookstagrammern eingehen. Diese erzielen nicht nur höhere Reichweiten, sondern sind der Zielgruppe sehr nahe und stehen mit ihr in einem regen Austausch. Buchblogger und Bookstagrammer stellen ihren Communities neue Bücher vor und besprechen diese gleich mit ihren Lesern und Followern. Je mehr Menschen über ein Buch reden, umso besser wird es sich verkaufen lassen. Gerade bei Genres, bei welchen traditionelle Medien sich schwertun, darüber zu berichten, können Buchblogger und Bookstagrammer das richtige Zielpublikum erreichen. Diesen wichtigen Multiplikatoreneffekt haben einige Verlage erkannt und setzen bereits Blogger und Influencer Maßnahmen wirkungsvoll um. Vor allem jüngere Menschen informieren sich zuerst auf den Social Media Kanälen, auf denen sie sich täglich befinden über Bücher und gehen erst dann in den Laden, um die Bücher zu kaufen. Später besprechen sie unter Hashtags wie #BookTok das Buch, geben ihre persönlichen Buchempfehlungen ab und sorgen damit für große Nachfragen selbst bei längst vergessenen Büchern. Anders als im englischsprachigen Raum hat sich der Hashtag #BookTok im deutschen Sprachraum noch nicht wirklich etabliert hat. Dennoch entwickeln sich Empfehlungen über diesen Hashtag langsam, aber sicher, zu einem Marktfaktor. Für den deutschsprachigen Buchmarkt gibt es noch keine Zahlen, doch die großen Buchhändler und Verlage haben das Potenzial von BookTok erkannt. Buchbesprechungen und -empfehlungen über TikTok und Instagram werden aber immer wichtiger, denn sie beeinflussen das Angebot in den Läden, die ihr

© Der/die Autor(en), exklusiv lizenziert an Springer Fachmedien Wiesbaden GmbH, ein Teil von Springer Nature 2023
R. Angelone, *Blogger- und Influencer-Marketing in der Praxis*,
https://doi.org/10.1007/978-3-658-42090-1_12

Sortiment aufgrund der aktuell über Social Media vorgestellten und besprochenen Bücher laufend anpassen [1].

Ausgangslage und Zielsetzung
Die Neuerscheinung eines Schweizer Sachbuches für Familien soll im gesamten DACH-Raum gepusht werden. Da sich das Buch an Familien richtet, soll für die Vermarktung mit Buchbloggern aus dem deutschen Sprachgebiet zusammengearbeitet werden.

Maßnahmen
Für diese Kooperation wurden zehn Familienbloggerinnen aus Deutschland und der Schweiz evaluiert. Um das Buch in der Schweiz und in Deutschland bekannt zu machen, sollen sich die Bloggerinnen mit dem Buch auseinandersetzen. Die Blogbeiträge sollen kreativ und qualitativ hochwertig sein und das Buchthema im Rahmen von Familie und Schule aus möglichst vielen Perspektiven und möglichst praxisbezogen ausleuchten sowie die eigene ehrliche Meinung zum Buch enthalten. Die verschiedenen Blogbeiträge sollen über geeignete Social Media Maßnahmen verlängert werden. Dazu vernetzen sich alle Bloggerinnen untereinander, teilen alle Beiträge auf ihren Social Media Kanälen gegenseitig und erreichen dadurch ein Mehrfaches an Reichweite. Über Instagram-Reels und Stories werden die einzelnen Communities der verschiedenen Bloggerinnen zu Interaktionen rund um das Buch angeregt. Als übergeordnete Maßnahme wird die Aktion durch die Koordinationsstelle des Netzwerks Schweizer Familienblogs angekündigt und begleitet.

Zielerreichung und Fazit
Die Kooperation zwischen Autoren, Verlag und Buchblogger weist für alle Seiten Vorteile in Form von mehr Sichtbarkeit und Reichweite auf. Die Reichweite des Verlags und diejenige der Autoren kann durch die Unterstützung durch die Buchblogger vervielfältigt werden. Indem die Buchbloggerinnen über verschiedene Aufhänger über das Buch schreiben und diskutieren, fungieren sie als Sprachrohr von Verlag und Autoren und erreichen mit ihren Buchbesprechungen gezielt verschiedene Untergruppen innerhalb der Zielgruppe Familie auf eine persönliche und emotionale Art und Weise. Ihre Botschaften sind entsprechend authentischer und in der Folge wirksamer. Die teilnehmenden Buchbloggerinnen gewinnen ebenfalls an Reichweite, indem der Verlag und die Autoren ihrerseits die verschiedenen Beiträge über ihre Kanäle teilen. Zudem können sich die Bloggerinnen als Buchexpertinnen etablieren, was die Chancen auf weitere Kooperationen mit anderen Verlagen erhöht.

„Als Autor bzw. Autorin fällt es uns oft gar nicht leicht, für unsere eigenen Bücher Marketing zu betreiben. Gerade bei unserem Buch ‚Jaron auf den Spuren des Glücks' taten wir uns damit besonders schwer, weil das Buch kein Ratgeber im engeren Sinne ist, sondern ein Roman für Kinder zum Thema Glück. Wir haben uns deshalb für dieses Buch entschieden, auf die Kooperation mit verschiedenen Familien- und Buchblogs zu setzen. Wichtig war uns dabei, dass die Blogs das Buch nicht einfach bewerben, sondern sich mit dem Buch beschäftigen und auf ihre Weise über ihre persönlichen Erfahrungen berichten. Dabei entstand eine Vielzahl von sehr unterschiedlichen Berichten, die oft durch wunderbare Fotos ergänzt wurden und auf ganz verschiedene Aspekte des Buches eingingen. Dies hat es auch ermöglicht, dass die verschiedenen Blogger/innen die Artikel gegenseitig aufgegriffen und über ihre jeweiligen Kanäle weiterverbreitet haben, was die Sichtbarkeit und Reichweite aller Beteiligten erhöht hat. Wir sehen hier eine interessante Möglichkeit für Verlage und Autoren, ihre Bücher auf eine authentische Weise einem größeren Publikum vorzustellen. Allerdings sollten der Aufwand und der notwendige zeitliche Vorlauf – gegenüber klassischer Werbung – nicht unterschätzt werden. "
Stephanie Rietzler und Fabian Grolimund von www.mitkindernlernen.ch

Zur Blogger:innen Aktion: https://bit.ly/3N6URW6 https://www.instagram.com/stories/highlights/17948291269559197/

Best Practice Take Aways für erfolgreiche Kooperationen

- Klar definierte, realistische Ziele (SMART) setzen
- perfekte Wahl der Blogger und Influencer
- beziehungsorientierte Kooperationen auf Augenhöhe
- langjährige Kooperationen, Kontinuität, gegenseitiges Verständnis, reibungslose Abläufe
- faire Honorierung
- gegenseitiges Vertrauen und Wertschätzung
- früher Einbezug der Blogger und Influencer in die Projektarbeit
- Nutzen verschiedener Plattformen, mehrschichtiges Vorgehen – auch über das Blogger und Influencer Marketing hinaus
- aktive Unterstützung durch den Auftraggeber bei der Umsetzung der Maßnahmen
- Einbezug von Feedbacks aus Community für Projektentwicklung
- Schaffung von Ansätzen für neue Kooperationsformen

Literatur

1. Kühne Anna: Über die Zusammenarbeit von Verlagen und Bloggern (2023). https://www.verlagederzukunft.de/ueber-zusammenarbeit-von-verlagen-und-bloggern-ist-der-lockere-umgangssprachliche-ton-eines-jungen-rezensenten-nicht-eher-unpassend-fuer-das-professionelle-image-eines-verlages Zugegriffen am 14.04.2023

Teil IV
Ausblick

Ausblick – Blogger und Influencer Marketing der Zukunft

13

Bei der Planung und Durchführung von wirksamem und erfolgreichem Blogger und Influencer Marketing Strategien wird es immer wichtiger werden, kommende Trends frühzeitig vorherzusehen und danach zu handeln. Welche Einstellungen werden die nächsten Generationen entwickeln? Welche Bedürfnisse wird die Gesellschaft aufweisen? Über welche Formate möchten Menschen angesprochen werden? Wie werden sich die Sozialen Medien weiterentwickeln? In welche Richtung bewegt sich die Creator Economy? Wie werden sich Blogger und Influencer neu definieren? Wie werden sich Metaverse und Künstliche Intelligenz auf die Marketingbranche auswirken?

13.1 Kontinuierliche Weiterbildung, Innovationskraft und Flexibilität

Der rasante Wandel auf allen Ebenen des Blogger und Influencer Marketings führt sowohl bei Unternehmen und Agenturen als auch bei Bloggern und Influencern zu einem zunehmenden Innovations- und Anpassungsdruck. Die Akteure können sich nicht auf bisher erfolgreiche Strategien verlassen, sondern müssen schnell und kreativ auf technische, gesetzliche, wirtschaftliche und gesellschaftliche Veränderungen reagieren, um weiterhin Mehrwert für die Gesellschaft generieren zu können.

Für alle Akteure des Blogger und Influencer Marketings wird es immer wichtiger, den Anschluss nicht zu verlieren. Nicht nur Blogger und Influencer, sondern auch Unternehmen und Agenturen müssen in der Lage sein, als Early Adopter und First Mover Trendthemen zu erkennen, Initiative zu ergreifen, immer wieder neue Wege zu gehen, sich laufend weiterzuentwickeln und Neues auszuprobieren, um den Zugang zur Community zu bewahren und ihr ständig einen zeitgemäßen Mehrwert bieten zu können.

▶ **Wichtig**
Um diesen Herausforderungen erfolgreich begegnen zu können, müssen sich Blogger und Influencer laufend weiterbilden. Zudem können sie sich verstärkt in Netzwerken zusammenschließen, um mit einem breiteren, komplementären und somit attraktiven Leistungsangebot den immer vielfältigeren Bedürfnissen als Kollektiv besser und flexibler entsprechen zu können.

Unternehmungen und Agenturen müssen bei der Wahl passender Blogger und Influencer verstärkt darauf achten, dass sich ihre Kooperationspartner durch aktuelles Know-how und Innovation auszeichnen und in der Lage sind, auf allen Ebenen auf dem Laufenden zu bleiben, neue Trends zu erkennen und umzusetzen sowie sich den sich laufend verändernden Rahmenbedingungen anzupassen. Auch werden sie sich bei der Suche nach Kooperationspartnern vermehrt an Netzwerke und Kollektive wenden, um von einem breiteren Leistungsangebot aus einer Hand profitieren zu können [1].

13.2 Metaverse – Neuland mit entsprechenden Chancen und Risiken

Das Metaverse bietet einen neuen Raum, in dem die bereits bestehenden und bekannten Marketingprinzipien grundsätzlich genauso angewandt werden und auf welche sich die Erkenntnisse aus diesem Buch übertragen lassen können – einfach mit neuen technischen Möglichkeiten und neuen Akteuren, die entweder mit eigenen Avatar-Persönlichkeiten im Metaverse unterwegs sind oder gänzlich als virtuelle Influencer (s. Abschn. 2.15.5) auftreten.

Das Metaverse schafft neue Möglichkeiten für Begegnungen und Interaktionen zwischen Unternehmen und Zielgruppen, ähnlich wie dies vor einigen Jahren mit dem Aufkommen der Social Media bereits einmal erfolgt ist. Das Metaverse kann, je nachdem, wie es sich weiterentwickeln wird, zu einer weiteren Bühne für die Akteure des Blogger und Influencer Marketings werden und im Zusammenspiel mit den bereits bestehenden Plattformen und Tools (s. Abschn. 2.6) Synergien fürs Marketing entwickeln.

Maßnahmen wie Produktpräsentationen, Show-Events, Meetings, Informations-, Bildungs- oder Netzwerkanlässe können weltweit ortsunabhängig umgesetzt werden. Daraus werden sich neue Ansätze der Kommunikation und Interaktion entwickeln. Likes, Kommentare, Profile, Seiten werden durch NFTs, Krypto-Währungen, Metaverse-Tokens und vieles mehr ergänzt oder ersetzt. Erste digitale Blogger und Influencer Agenturen haben sich bereits einen Platz in Decentraland gesichert. Metaverse hat das Potenzial das Blogger und Influencer Marketing nachhaltig zu verändern.

▶ Trotz herrschender Euphorie sind alle Akteure gut beraten, wenn sie die Entwicklung weiterverfolgen, ohne gleich dem FOMO-Effekt zu verfallen, denn es bietet zwar zahlreiche innovative Möglichkeiten, allerdings verbunden mit vielen Fragen und Unsicherheiten [3].

13.3 ChatGPT

Neue KI Tools wie ChatGPT werden bei der Erstellung von Content und Bildern in Zukunft immer wichtiger. Sie werden die Art und Weise, wie Inhalte produziert werden, enorm verändern. Tools wie ChatGPT werden es ermöglichen, in kürzester Zeit massenweise Inhalte für Blogs und Social Media Kanäle zu produzieren und dabei gleichzeitig SEO-Vorgaben zu berücksichtigen. Auf diese Weise generierte Texte haben den Vorteil, dass sie einfacher lesbar und verständlicher sind, wichtige Keywords bereits enthalten und den Anforderungen von Google an relevante Texte entsprechen. Auf der anderen Seite wirken von ChatGPT generierte Texte trotz aller Cleverness unnatürlich. Der Verlust der persönlichen Note und Einzigartigkeit in der Tonalität des Bloggers oder Influencers kann sich negativ auf das Engagement von Lesern und Followern auswirken. Dies eröffnet wiederum die Chance für Blogger und Influencer, die an und für sich durch ChatGPT optimal generierten Texte nur noch mit persönlichen Anpassungen optimal auf die eigene Zielgruppe abzustimmen.

ChatGPT hat jedenfalls die Diskussion über den Einsatz von künstlicher Intelligenz auch im Blogger und Influencer Marketing in Gang gesetzt. KI spart Zeit bei sich wiederholenden Aufgaben und ermöglicht dadurch den Akteuren des Blogger und Influencer Marketings, sich aufs Wesentliche zu konzentrieren – also auf den Einsatz von menschlichen Stärken, dort, wo sie entscheidend sind. Spannenderweise liefert ChatGPT eine ähnliche Antwort:
Wird ChatGPT Blogger und Influencer ersetzen?

„Als KI-Modell kann ich viele Aufgaben ausführen, einschließlich der Erstellung von Blog-Beiträgen und der Interaktion mit Nutzern, um Informationen bereitzustellen oder Fragen zu beantworten. In der Tat gibt es bereits einige Anwendungen von Chatbots in der Welt des Blogger und Influencer Marketings.

Jedoch kann ich nicht vollständig Blogger und Influencer ersetzen, da es einen menschlichen Aspekt gibt, der in der Regel von Lesern und Followern geschätzt wird. Menschen können Emotionen, Empathie und Kreativität auf eine Art und Weise ausdrücken, die von einem KI-Modell nicht ganz erreicht werden kann.

Andererseits kann ich durch die Nutzung meiner Fähigkeiten, insbesondere meiner Fähigkeit, große Datenmengen zu analysieren und Trends zu erkennen, möglicherweise die Arbeit von Bloggern und Influencern unterstützen oder ergänzen."
ChatGPT via https://openai.com

▶ Alle Akteure des Blogger und Influencer Marketings können von einem sinnvollen Einsatz von KI profitieren, wenn sie dabei den Faktor Mensch nicht außer Acht lassen. Der sinnvolle Mix von KI und menschlichem Talent ist der Schlüssel zum erfolgreichen Blogger und Influencer Marketing der Zukunft [2].

„Ein Trend, der sich aktuell abzeichnet, ist das „Deinfluencing", bei dem Deinfluencer von einem Produkt abraten, anstatt es zu empfehlen. Dies wird von Followern sehr authentisch und ehrlich wahrgenommen. Dabei bleibt abzuwarten, ob die Deinfluencer langfristig erfolgreich sein können oder ob sie sich durch den reichweitenstarken Hype nur potenzielle Kooperationspartner vergraulen. Unabhängig davon wird der ‚Deinfluencing'-Trend langfristig zu einer neuen Ära der Transparenz und Glaubwürdigkeit führen. Unternehmen und Influencer werden verstärkt darauf achten müssen, Vertrauen aufzubauen und authentische Storylines zu erzählen.

Gleichzeitig wird der Einsatz von Technologien wie künstlicher Intelligenz im Influencer Marketing zunehmen. KI-basierte Tools ermöglichen eine effizientere Identifikation relevanter Influencer und gezielte Kampagnenplanung. Zudem können KI-basierte Datenanalysen dazu beitragen, die Effektivität von Influencer-Marketing-Kampagnen zu verbessern. Insgesamt wird die Zukunft des Influencer Marketings durch eine ausgewogene Kombination aus Menschlichkeit und Technologie geprägt sein. Authentische Inhalte und persönliche Beziehungen bleiben wichtige Faktoren für den Erfolg von Influencer-Marketing-Kampagnen, während KI-basierte Strategien dazu beitragen, die Effizienz und Effektivität der Kampagnen zu verbessern."
Annabelle Knappe, Teamlead Product & Marketing bei www.reachbird.io

13.4 Schlusswort

Blogger und Influencer Marketing ist eine ausgezeichnete Möglichkeit, eine Zielgruppe über eine Person zu erreichen, welcher sie vertraut und mit welcher sie sich identifizieren kann. In diesem Buch haben Sie erfahren, dass hinter dem Blogger und Influencer Marketing viel mehr steckt als auf den ersten Blick vermutet wird.

Für eine erfolgreiche Blogger und Influencer Marketing Strategie braucht es in erster Linie Verständnis für die Essenz dieser Marketingform, aktuelles Wissen zu Markt und Trends sowie Kenntnisse der rechtlichen und ethischen Aspekte und eine sorgfältige Planung und Durchführung der Strategie. Genauso wichtig ist es, diese Marketingstrategie sowohl in Bezug auf Partnerschaften als auch in Bezug auf die Messbarkeit der Resultate als langfristig zu betrachten und diese Haltung in die Erfolgskontrolle einfließen zu lassen und nach jeder Kampagnenumsetzung aus Fehlern zu lernen und die positiven Aspekte zu verstärken.

Literatur

1. Hafner Lara: Global Digital Report 2023 (2023): https://bernet.ch/blog/2023/03/16/global-digital-report-2023-wir-verbringen-ein-bisschen-weniger-zeit-im-internet Zugegriffen am 14.04.2023
2. Hutchinson Andrew: AI Creation Tools Will Change the Way We Create, Engage and Interact in 2023 (2023). https://www.socialmediatoday.com/news/AI-creation-tools-or-social-media-marketers/639247 Zugegriffen am 30.01.2023
3. Knappe Annabelle: Influencer Marketing im Metaverse (2022): https://www.reachbird.io/magazin/de/influencer-marketing-im-metaverse/Zugegriffen am 18.04.2023
4. Tien Shannon, Cooper Paige: Die 11 wichtigsten Social Media Trends für 2023 (2022) https://blog.hootsuite.com/de/social-media-trends Zugegriffen am 31.01.2023